❝ O Instituto Aquila contribuiu significativamente para melhorarmos nossos processos e rotinas comerciais. Pudemos avançar na gestão e começarmos a dar visibilidade a indicadores importantes que antes não eram medidos. Foi um marco na gestão da Forno de Minas."

Helder Mendonça - Forno de Minas

❝ Contratamos o Aquila para uma ajuda de um ano no comercial e já estamos há mais de três anos com eles. Com a criação de KPI's e gestão de equipe, nossos resultados evoluíram muito e tornou nossa empresa muito mais madura."

Marcelo Cesana - Frooty

❝ Para a construção de uma cultura organizacional impactante, focada em valores, é imprescindível ter excelência em gestão para transformar oportunidade em resultados."

Alfredo Zucca - ASBZ Advogados

O PODER DA EXCELÊNCIA COMERCIAL

Copyright © Escola de Gestão Aquila

- Autores: Raimundo Godoy, Leonardo Rischele, Rodrigo Neves
- Preparação de Textos: Juliana Sousa
- Revisão: Natália Godoy
- Capa, infográficos e projeto gráfico: Nelson Flores
- Fotos autores: Manuela Leão

Catalogação na publicação (cip)

Godoy, Raimundo, 1953-
G589 O poder da excelência comercial: solução prática de como
potencializar seus resultados / Raimundo Godoy;
Leonardo Rischele; Rodrigo Neves; ilustrações Nelson
Flores.- Belo Horizonte: Escola de Gestão Aquila, 2020.
180p. : il. p&b

ISBN 978-65-81787-00-4

1. Administração de empresas 2. Vendas 3. Negócios
4. NegóciosI. Rischele, Leonardo, 1980- II. Neves,
Rodrigo, 1986- III. Flores, Nelson IV. Título

CDD: 658.85

Bibliotecária responsável: Cleide A. Fernandes CRB6/2334

Fevereiro de 2020

Este livro não pode ser reproduzido, no todo ou em partes,
sem a prévia autorização dos autores

Escola de Gestão Aquila
www.aquila.com.br
escoladegestao@aquila.com.br

RAIMUNDO GODOY   LEONARDO RISCHELE   RODRIGO NEVES

O PODER DA EXCELÊNCIA COMERCIAL

SOLUÇÃO PRÁTICA DE COMO POTENCIALIZAR SEUS RESULTADOS

1ª edição

SUMÁRIO

ETAPA 1: PREPARANDO O MODELO DE GESTÃO COMERCIAL   15

Capítulo 1 - OPA   19

Capítulo 2 - O tripé da gestão   23
2.1 Pessoas   24
2.2 Tecnologia   26
2.3 Processos   27

ETAPA 2: PILARES DA EXCELÊNCIA COMERCIAL   31

Capítulo 3 - Carteira de clientes, o verdadeiro patrimônio do negócio   37
3.1 Sinais vitais da carteira   38
Clientes perdidos   39
Carteira ativa   41
Cliente chave   43
PCA   48
3.2 Ampliação da carteira   51
Funil de vendas   52
Prospecção   54
Negociação   69
3.3 Vendas simples x vendas complexas   70

Capítulo 4 - Tecnologia de produtos   79
4.1 - A influência do mix na geração de receita   81
Mix   81
Volume   83
Preço   86
4.2 Avaliação do portfólio   90
Matriz BCG   91
4.3 Você vende preço ou valor?   93

Modelos de precificação	93
Elasticidade-preço da demanda	94
4.4 O cliente do meu cliente	99
Os 4 aspectos do trade marketing	105
Como praticar um trade marketing de excelência?	109

Capítulo 5 – Força comercial — 113

5.1 Criando a cultura comercial	116
Reunião minuto	119
Reunião semanal	122
Reunião mensal	123
Os papéis nos rituais	123
Planejamento individual semanal	125
5.2 Alinhamento dos esforços	128
Remuneração variável	133

ETAPA 3: RELAÇÃO DA ÁREA COMERCIAL COM A EMPRESA E COM O MERCADO — 139

Capítulo 6 – Relação com a empresa (S&OP) — 143

A ferramenta	144
Implantação	149
Execução	153
Impacto	154

Capítulo 7 – Relação com o mercado — 157

7.1 Marketing estratégico	157
Áreas brancas e atuação no mercado	158
7.2 Novas tecnologias e tendências	162
BIG DATA	162
GTM	163
CONCLUSÃO	167
REFERÊNCIAS	171
ANEXO – O Método PDCA	173

O Urso e o Touro da Bolsa de Valores

As famosas figuras do urso e do touro simbolizam o mercado de ações em seus 2 movimentos cruciais: a queda e a alta, respectivamente.

O urso move suas patas de cima para baixo quando enfrenta o inimigo. O touro, por sua vez, ataca os oponentes chifrando-os de baixo para cima. De forma análoga, podemos dizer que, no mercado:

... nem todos ganham quando ele está bom.

... nem todos perdem quando ele está ruim.

Assim, diante das influências externas da economia, as empresas não necessariamente devem acompanhar esses movimentos. Algumas podem permanecer estáveis e até crescer diante de uma recessão ou vice-versa. Tudo vai depender de como se prepararam comercialmente para aquele momento.

- *Quem sou eu no mercado?*
- *Sou urso ou sou touro?*
- *A minha equipe comercial sabe e está preparada para isso?*

PREFÁCIO

" *Vender é preciso, viver não é preciso.*"

Essa foi uma das frases que ouvi de um grande amigo, parafraseando a famosa poesia de Fernando Pessoa, "Navegar é preciso. Viver não é preciso", e que para mim reflete a emoção vivida na prazerosa oportunidade de atuar na área comercial.

No ambiente comercial, constantemente, estamos em busca de novos clientes, melhores vendas, alcance das metas e, acima de tudo, encantar o cliente e buscar o seu reconhecimento. Nesse cenário, é muito gratificante quando um cliente lembra o seu nome, o nome do seu produto e, principalmente, quando ele efetua a recompra e demonstra que há a fidelização. Ah! Como é desafiador e gratificante trabalhar nesse ambiente apaixonante e encantador, não fosse a eterna pressão por resultados.

A cada novo dia, ao tomar o seu café, o pessoal da área comercial se depara com metas desafiadoras, para não dizer assustadoras. E essa rotina pela busca de melhores resultados, de exaustivas ações, as quais podem não trazer os resultados esperados, faz com que você se sinta um maratonista que, muitas vezes, na reta final, perde a tão desejada medalha, por causa da falta de treinamento e de fôlego. E, com isso, fica a indagação: *onde houve a falha?*

Como mencionei no início, vender é preciso, mas, muito mais do que isso, é preciso vender com inteligência, olhando o mercado e também conhecendo detalhadamente a organização onde você está inserido. O mercado nos oferece oportunidades, mas a inteligência nos proporciona lucratividade, abre os nossos olhos para novos negócios até então escondidos, seja pela falta da organização ou tempo para planejar, analisar e agir com disciplina e inteligência, monitorando e fazendo os ajustes necessários.

Os autores desta obra, além de serem pessoas especiais, são grandes propagadores da inteligência voltada para a gestão. Pessoas motivadas e motivadoras que, por meio deste livro, se sentem gratificadas por compartilhar conhecimentos e ferramentas de gestão, aparentemente simples, mas comprovadamente eficientes e de grande valor para alavancar os negócios.

Espero que aproveitem tanto quanto eu!

Edivaldo Barrancos, nosso cliente e amigo,
Diretor Presidente da Café Iguaçu.

AGRADECIMENTOS

Este livro é dedicado e resultado de mais de 10 anos de trabalho a terceiros. Cada trabalho, cada cliente, cada colega do Aquila contribuiu para que chegássemos até aqui. Em especial, gostaríamos de agradecer a Juliana Souza, que foi imprescindível nessa jornada de traduzir anos de prática em linhas dessa obra. Obrigado Alexandre Vinhal, Gabriel Coxir, Mirza Quintão, Natalia Godoy, Rafael Igino, Roberto Heleno, Rogério Nacif e Vladmir Soares por nos ajudar a reavaliar cada detalhe do livro. E à Escola de Gestão do Aquila, nas figuras do Paulo Coimbra e do João Pires, obrigado por embarcar nessa ideia.

> *Dedico este livro aos meus saudosos pais, Raimundo e Francisca, a minha esposa e grande amiga Fantine Márcia, às minhas amadas filhas, Natália, Gabriela, Fantine e Bárbara, aos meus genros e filhos, Henrique, Rafael e Eduardo e aos meus preciosos netos, Manuela, Raimundinho e Gustavo. Vocês são a minha alegria, força e motivação, aqueles que não me deixam desistir jamais!"*

Raimundo Godoy

> *Esta obra só foi possível porque algumas pessoas muito especiais fizeram parte desta caminhada. Natália, minha esposa, meu pilar de Amor e companheirismo em todas as jornadas. Meus filhos Duda, João Lucas e Letícia, me transformando e ensinando todos os dias, são fontes de alegria e energia. Meus pais, Osvaldo e Rozário, meus eternos professores e exemplos de vida. A avó, sempre presente comigo. Toda a minha dedicação diária é por vocês."*

Leonardo Rischele

> *Obrigado à minha família, que esteve ao meu lado ao longo desses anos, incentivando à busca por conhecimento e me apoiando nos desafios do dia a dia da consultoria. Sâmara, Roberto, Izabella e Matheus, esse livro também é de vocês! Tio Omar e Sérgio, obrigado pelas orientações! Em especial, meu eterno agradecimento ao meus avós Ibrahim e Neila, que me inspiram a ser sempre uma pessoa e um profissional melhor"*

Rodrigo Neves

" O propósito de um negócio é criar um cliente."

Peter Drucker

1ª ETAPA

PREPARANDO O MODELO DE GESTÃO COMERCIAL

Para apresentarmos com sucesso os passos e os bons efeitos da investida no mundo comercial, é essencial a aplicação de modelos mentais. Você se pergunta: *mas do que se trata isso?*

Modelos mentais são uma forma simplificada de representação. Eles são desenhados a partir da aplicação prática e passam a ser referência para as nossas ações. Nós os adotamos para explicar como elementos e processos de gestão interagem e são capazes de gerar resultados.

A experiência com clientes nos fez perceber o quanto a abordagem dos modelos mentais é didática para a gestão comercial, seus conceitos e estratégias. A linha norteadora do trabalho se torna mais clara e compreensível, facilitando a execução das ações recomendadas.

A principal reflexão para o momento é: *Quais modelos mentais precisamos praticar para impulsionar a área comercial a trazer resultados excelentes?*

O primeiro modelo mental que abordamos é o **OPA**, sigla que significa Otimismo, Paixão e Ambição. Ele traduz a necessidade da presença desses 3 elementos no dia a dia comercial, para que as equipes se mantenham em constante positividade, motivação e foco na geração de receita de forma inteligente.

Nosso segundo modelo mental diz respeito ao **tripé da**

gestão. Entendemos que pessoas, tecnologias e processos são os elementos necessários para toda transformação empresarial. São eles que constroem e fortalecem a cultura comercial. Equilibrá-los e potencializá-los contribui diretamente para os resultados do negócio.

Vamos conhecê-los?

Capítulo I
OPA

A participação crescente da tecnologia na rotina das pessoas e das empresas muda constantemente a forma como interagimos com o mundo, seja quando nos entretemos, aprendemos algo ou atendemos necessidades.

Nesse cenário, a inteligência artificial é um recurso que vem sendo aprimorado e utilizado em contextos sociais e empresariais. Poderíamos dizer que ela é um risco para a área de vendas, mas essa afirmação só seria plausível se nos referíssemos aos vendedores que se preocupam, exclusivamente, com os números, mas não com a essência da atividade comercial, que é a relação entre pessoas.

Certos disso, os bons vendedores estão longe de serem ameaçados por qualquer tecnologia desprovida de inteligência emocional. Eles sabem que vender envolve percepção de necessidades e relacionamento e, por isso, eles se baseiam no modelo mental OPA – Otimismo, Paixão e Ambição, o qual será detalhado a seguir.

O **Otimismo** diz respeito à crença de que tudo vai melhorar, transformando obstáculos em incentivos. No livro *Modelo Harvard de Felicidade* é citada uma pesquisa de uma seguradora nos Estados Unidos que aplicou um teste de seleção envolvendo um grupo de vendedores otimistas e outro grupo com vendedores considerados normais.

O primeiro grupo vendeu 30% a mais no primeiro ano, evidenciando a diferença que o otimismo faz na experiência de vendas. É um elemento que traz mais chances de se chegar ao sim, porque, ao ser otimista, o vendedor sempre busca oportunidades. O pessimista nem consegue percebê-las.

A **Paixão** é a diferença entre fazer o que se gosta e gostar do que se faz. Por exemplo, quando o vendedor faz apenas o que gosta, possivelmente ele não visitará determinados clientes. Por outro lado, quem gosta do que faz aceita qualquer tarefa com paixão e não as restringe. É alguém que facilmente interpreta: "viajar ininterruptamente faz parte do processo".

É fundamental manter a paixão em alta para que o vendedor se motive diariamente com esse sentimento. A paixão colabora com a qualidade da ação: não é fazer o possível, é fazer o melhor.

A **Ambição** trata da vontade de crescer, da fome de sucesso. Na área de vendas, isso nunca vai mudar.

Assim, o vendedor que não contempla as qualidades do OPA deixa seu trabalho a desejar. A área comercial aproxima a empresa do mercado, é a que "puxa" o restante da organização. O modelo mental OPA traz as características vitais para que a empresa esteja coerente com um mundo de mudanças aceleradas.

CHECKLIST

Capítulo I

- Existe um perfil definido para minha equipe de vendas?
- Minha empresa propicia um ambiente para propagação do otimismo?
- Minha equipe de vendas é ambiciosa?
- Minha cultura comercial incentiva a paixão em vender?
- Meu vendedor OPA é reconhecido e destacado?
- A ambição comercial é condizente com um ambiente de otimismo? Ou os objetivos são considerados impossíveis?

Capítulo 2
O tripé da gestão

Independentemente da área organizacional, é o tripé da gestão que sustenta uma empresa: são **pessoas** que utilizam **tecnologias** e **processos** para alcançar resultados.

Nesse modelo mental, os 3 elementos se inter-relacionam, a fim de construir uma padronização competente para executar os processos e alavancar o negócio. São meios para atingir um fim.

Mesmo que uma empresa pratique os melhores processos e adote as mais potentes tecnologias, as pessoas são o elo mais importante, porque são capazes de agregar ou destruir valor.

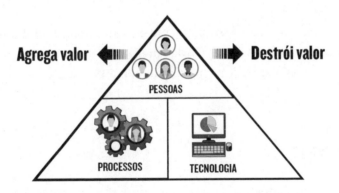

Figura 2.1: Tripé da Gestão

As equipes certas, buscando os resultados corretos, fazem a empresa atingir as metas almejadas, mesmo com processos e sistemas falhos. As pessoas são determinantes, enquanto os outros pontos do tripé são importantes.

A tecnologia, por sua vez, atua como um catalizador dos resultados das pessoas. As ferramentas tecnológicas são compreendidas como o meio para agilizar a geração de resultados.

Por exemplo, um fazendeiro que passa a utilizar uma máquina melhor pode aumentar a velocidade da tarefa e, assim, alavancar seu desempenho. Por outro lado, ele poderia ter comprado uma máquina potente e não tê-la utilizado. A forma como as pessoas incorporam a tecnologia aos seus processos é o que justifica as inovações tecnológicas.

Terceiro elemento do tripé da gestão, os processos são importantes para dar consistência e sustentabilidade aos resultados, construindo padrões de atuação para as áreas e contribuindo para que o fluxo do negócio seja cada vez mais independente de quem o executa.

Para se extrair o máximo de resultados, é preciso ter as pessoas certas utilizando a tecnologia adequada e obedecendo a processos estruturados. Essa é a configuração da Excelência Comercial.

Por isso, nos aprofundamos em cada um desses elementos, a fim de selecionar as pessoas melhores, adotar as tecnologias corretas e aplicar as principais ferramentas.

2.1 Pessoas

No setor industrial, cartesiano, podemos concordar que um robô sempre garantirá a estabilidade de um processo. Ele não é capaz de alterar sua programação sem um comando externo.

Por outro lado, a área comercial atua em um ambiente repleto de variáveis não controláveis, como a concorrência ou o próprio cliente. É por isso que, no modelo mental tripé da gestão, à medida que cumprem, melhoram ou não cumprem um processo, as pessoas são capazes de agregar valor ao negócio ou destruir valor.

No setor comercial, os processos são repletos de aberturas para a interferência pessoal. Pode-se treinar um processo de abordagem, mas esse conhecimento nunca responderá a todas as perguntas de como o vendedor deve se comportar diante de cada situação inesperada. Isso porque, do outro lado, há outro ser humano.

As pessoas são de fundamental importância, porque estão ligadas diretamente ao fator subjetivo da experiência de venda. Muitas vezes, esse aspecto é o diferencial determinante para a decisão de compra. Assim, percebemos que é essencial treinar pessoas para a prática comercial do início ao fim.

Como as pessoas fazem a diferença na área comercial?

Elas precisam ter conhecimento, habilidade e atitude para realizar bem a venda. O conhecimento é o saber, ele pode ser aprendido. A habilidade é o saber fazer, ou seja, pôr em prática o que se tem na teoria. Diz respeito ao dom de realizar alguma tarefa. A atitude é o querer fazer. É necessário ter foco, para que o conhecimento e as habilidades exercidos nas atitudes tragam os resultados esperados.

Às vezes, o cliente não possui o orçamento para comprar determinado item. Nesse caso, o processo por si só não é capaz de vendê-lo. Somente o vendedor pode convencer o cliente dos benefícios do produto e oferecer o que é percebido como valor. Em alguns casos, a capacidade de mostrar valor é tão elevada que o cliente reavalia seu próprio orçamento. Esse é um exemplo de habilidade de negociação.

No contexto empresarial, além das habilidades comportamentais e do conhecimento técnico, podem-se destacar como positivas as qualidades de liderança, gestão de pessoas, comunicação e raciocínio lógico.

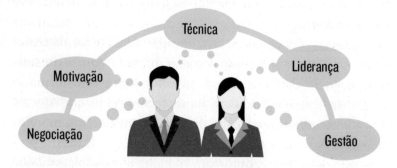

Figura 2.2: A Excelência Comercial é garantida por pessoas capacitadas que agregam valor ao negócio quando buscam o melhor resultado

2.2 Tecnologia

A tecnologia é mais do que um *software* ou um *hardware*. Ela diz respeito a uma forma diferente de fazer a mesma coisa. Basta imaginar um relógio analógico e um digital ou um forno à lenha e um elétrico, por exemplo. Os produtos continuam com as mesmas funções, mas agora atendem ao consumidor de outro jeito.

Dessa forma, tecnologia são todas as ferramentas e sistemas utilizados pela área comercial: *palm top*, celular, sistemas de faturamento ou de controle de visitas, etc. O grande desafio das empresas é estabelecer um *link* entre a tecnologia (suporte), os processos e as pessoas. Ou seja, conectar, de forma eficaz, o tripé da gestão.

Geralmente, as organizações acreditam que a aquisição de tecnologia (sistemas ou equipamentos) é suficiente para gerar melhorias, mas isso não é necessariamente verdade. A tecnologia é um instrumento que, sem atuar com as pessoas e os processos, não gera os resultados desejados. Ela é uma estrutura de gestão que deve ser associada à adaptação de processos e ao treinamento de pessoas.

A tecnologia é fundamental. Se a organização desenvolve pessoas e aprimora processos sem avançar tecnologicamente junto com os concorrentes, será ultrapassada. De forma semelhante, se o artefato tecnológico não interagir com a dinâmica do negócio, deixa de ser um investimento e transforma-se em desperdício. É o caso de sistemas tecnológicos que não são utilizados e geram retrabalho. É comum chegar em empresas repletas de sistemas robustos, como ERPs[1] sofisticados, e perceber que os gestores continuam trabalhando em planilhas de Excel paralelas.

Como exemplos práticos da área comercial, temos os recursos tecnológicos que permitem mapear os pontos de venda que o profissional deve visitar, traçando o percurso mais rápido e mais econômico. Ou, ainda, os *softwares* que permitem ao vendedor verificar seu estoque em tempo real e informar ao cliente, no fechamento da venda, quando o produto será entregue.

A maior contribuição da tecnologia para a área comercial diz respeito à capacidade de fornecer informações de forma rica, rápida e atualizada. Para as pessoas, ela permite mais rapidez e assertividade na tomada de decisões. Os processos ganham velocidade e eficiência, alavancando sua qualidade.

2.3 Processos

Compreendemos processo como uma sequência de atividades logicamente organizadas que culmina em um produto final. É a forma de fazer que garante a estabilidade, a qualidade ou o resultado mínimo esperado. É a receita do bolo.

Os processos são os meios para entregar os resultados. Quando bem trabalhados, são capazes de otimizar custo, tem-

---

[1] Do inglês Enterprise Resource Planning. Em português: Planejamento dos Recursos da Empresa. São sistemas integrados de gestão empresarial.

po e produtividade, trazendo melhorias em diferentes momentos do ciclo comercial, que passa desde a aproximação de potencial cliente ao pós venda.

Figura 2.3: Exemplo de um processo comercial

Na área comercial, o processo existe desde o reconhecimento de um potencial cliente a um momento de aproximação, prospecção, convencimento, fechamento de venda e pós-venda.

Como faço a minha prospecção? Como identifico meus clientes-alvo? Como os localizo? Que tipo de abordagem adoto para cada um desses clientes? Como trabalho suas objeções? Como ofereço meu produto baseado nas necessidades desses clientes? Como eu convenço e faço o fechamento dessa venda?

Esse é o processo comercial que precisa ser definido, organizado e minimamente padronizado, a fim de garantir o resultado mínimo esperado.

CHECKLIST

Capítulo 2

- Minha equipe comercial está sendo preparada para ter conhecimento, habilidade e atitude?
- As pessoas certas estão ocupando os cargos corretos?
- Meus concorrentes utilizam alguma ferramenta comercial que gera vantagem competitiva sobre meu negócio?
- Entendo as novas tecnologias como ferramentas dentro do processo ou como uma solução?
- Tenho alguma tecnologia subutilizada por conta de um processo ainda não estar preparado?
- Atualmente, meus principais problemas estão nos processos ou nos fins comerciais?
- Como meus processos comerciais estão estruturados?
- Meus processos possuem algum indicador de eficiência?

"Você nunca fecha uma venda, você abre uma relação a longo prazo."
Dennis Waitley

2º ETAPA
OS PILARES DA EXCELÊNCIA COMERCIAL

Quando falamos em resultado, nos referimos ao impacto financeiro do negócio, que depende da receita que a área comercial tem o potencial de gerar, já que ela é a porta de entrada desse recurso.

O bom resultado financeiro permite a continuidade da empresa de forma sustentável, favorecendo o seu crescimento e desenvolvimento.

Neste bloco, tratamos dos pilares que estão diretamente relacionados à capacidade comercial de positivar vendas.

Os **pilares da Excelência Comercial** são: carteira de clientes, tecnologia de produtos e força comercial. Em cada um deles, apresentamos as boas práticas de mercado que atuam diretamente com o tripé da gestão (pessoas, tecnologias e processos) e impactam na geração de receita.

Os conceitos dessa etapa aliam o conhecimento e a prática comercial à receita empresarial. À medida que a empresa evolui em termos de maturidade de gestão, ela se torna apta a implantar técnicas mais avançadas e complexas de análise, monitoramento e avaliação de resultados.

De forma geral, podemos dizer que a força comercial utiliza a tecnologia de produtos para trabalhar a carteira de clientes. Ela atua como uma ponte que liga 2 elos correspondentes. É preciso atender o cliente certo, da forma certa, ofertando o produto certo. Na Excelência Comercial, isso não acontece por acaso, é planejamento!

Figura 3.1: Os pilares da Excelência Comercial

"A necessidade do cliente é a oportunidade do vendedor."

Capítulo 3
Carteira de clientes, o verdadeiro patrimônio do negócio

Sem cliente, a empresa não existe. É ele que gera a demanda do negócio e que o sustenta. Analisar a saúde da carteira, acessando informações que sinalizam possíveis problemas da área comercial, reduz as chances de perda de clientes.

Podemos considerar a carteira de clientes como o grande patrimônio da empresa. Nela, há um mundo de realidades distintas que, se não forem devidamente trabalhadas, deixam o resultado escapar por ineficiências da área comercial.

Neste capítulo, avaliamos os sinais vitais de uma empresa por meio do monitoramento da sua carteira de clientes, conhecemos as técnicas básicas para a sua ampliação e os processos que diferem as vendas simples das vendas complexas.

O tamanho da carteira global gera valor para o negócio. Assim, a gestão eficiente da manutenção e da ampliação do número de clientes significa valorizar a empresa a longo prazo. Dessa forma, é preciso trazer novos clientes sem perder os antigos. As áreas comerciais vivem as 2 realidades: ao mesmo tempo que monitoram a carteira de clientes, também buscam ampliá-la.

O que diferencia um negócio do outro é se ele realiza vendas simples ou complexas, pois cada ocasião exige um processo específico. Vender serviços jurídicos, aviões e consultoria requer habilidades distintas das que são necessárias para vender alimentos, utensílios e vestuário, por exemplo. Em ambos os casos, os sinais vitais da carteira e a sua ampliação devem ser cuidados.

3.1 Sinais vitais da carteira

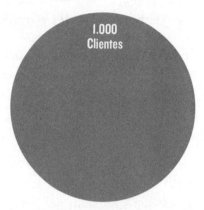

Figura 3.2: Total de clientes que já passaram pela empresa ao longo de sua existência

Como afirmado antes, a carteira de clientes é o principal patrimônio da empresa. Em termos de resultado, o que diferencia uma empresa de outra que vende o mesmo produto é a quantidade de clientes que estão comprando constantemente.

A carteira de clientes reúne uma infinidade de perfis que foram incorporados à realidade da empresa ao longo do tempo. Os clientes podem se diferenciar por porte, frequência de compra, perfil e papel na cadeia, dentre outras características. Segmentá-los permitirá à organização desenhar políticas comerciais e estruturas de vendas de acordo com o perfil da clientela.

Por exemplo: se uma empresa quer atuar no canal varejo ou no *food service*[2], ela terá carteiras de clientes completamente distintas, ou seja, terá de estruturar diferentes forças de vendas. No varejo, existem players mais centralizados com perfil de compra maior. No *food service*, há players pequenos, com compras frequentes, às vezes até mais de uma vez por semana, mas pequenas.

A estratégia comercial a ser utilizada, seja de ticket mé-

2- Setor do mercado que oferece serviços alimentares para as pessoas comerem fora de casa.

dio, entrega, força comercial (televendas ou presencial) ou frequência de visitas, varia em função da carteira. Conhecê-la qualitativa (frequência e perfil de compras) e estruturalmente (segmentação) é uma habilidade que está intimamente ligada à maturidade de gestão de uma empresa, ou seja, à sua capacidade de ser mais eficiente e eficaz na tomada de decisões.

É preciso adotar medidas básicas para monitorar a carteira de clientes e saber o que está acontecendo. Existem várias formas para isso. As que apresentamos aqui são eficazes e inicialmente suficientes para o acompanhamento sustentável do negócio.

Isso porque, quando falamos em gestão de carteira, devemos pensar que existem 3 categorias básicas: (1) já foi cliente e não compra, (2) é um novo cliente e (3) é cliente e compra.

Acompanhar o grau de atividade desses comportamentos indica que a organização está tomando as medidas vitais de monitoramento da carteira. Uma boa analogia é lembrar que, por exemplo, quando queremos saber como está nossa saúde física, acompanhamos os sinais vitais básicos do nosso corpo, como os batimentos cardíacos, a pressão sanguínea e o nível de colesterol. Não é um segredo, mas as empresas deixam de medir dados análogos a esses.

Para monitorar a carteira de clientes, é importante compreender os conceitos de clientes perdidos e carteira ativa, além de conhecer as metodologias aplicáveis a esta última, quais sejam, cliente chave e o potencial da carteira ativa (PCA).

Clientes perdidos

O indicador de clientes perdidos permite avaliar se você já perdeu muitos clientes ao longo do tempo. Em geral, para a maioria dos negócios aplica-se o prazo de 1 ano, compreendendo que, num intervalo de tempo superior a esse, o cliente deixou de ter relacionamento com a empresa. Claro que há exceções, geralmente para os segmentos com produtos de maior longevidade, e, por conseguinte, prazo maior para compra, como é o caso de máquinas, equipamentos, veículos.

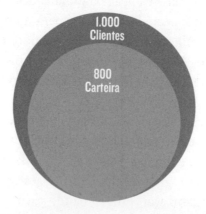

Figura 3.3: A carteira representa o universo de clientes que compraram há pelo menos l ano[3]. A diferença (200) são os clientes perdidos. Saíram da carteira, porque não compram há mais de l ano.

Devemos interpretar os clientes perdidos como se fossem um estoque da empresa. São todos os clientes que já passaram pelo seu negócio, conhecem seu produto ou serviço, mas há um longo período não compram. Consideramos que saíram da carteira. É seguramente aceitável afirmar que a carteira de uma organização corresponde somente àqueles clientes que realizaram compra em um determinado período de tempo.

Na imagem acima, a carteira representa o universo de clientes que compraram há pelo menos 1 ano. A alteração (200) são os clientes perdidos. Eles são a diferença entre o total de clientes que já passaram pela empresa (1.000) e o total de clientes que atualmente compram da organização (800) dentro

---

3- Geralmente, as empresas consideram clientes da carteira aqueles que compraram dentro de 1 ano. Esse é o motivo desse período ser o adotado no exemplo.

daquele período estabelecido de, em média, 12 meses.

Vale ressaltar que muitos desses clientes podem ter falido, encerrado operação ou mudado o cadastro. Classificá-los e entender quem são esses clientes perdidos é um segundo passo.

Carteira ativa

A carteira ativa diz respeito aos clientes que estão comprando no momento. O entendimento de ativo varia de empresa para empresa. Não necessariamente é o que compra hoje ou neste mês.

Figura 3.4: Dos 800 clientes da carteira, apenas 500 estão comprando. Então, a carteira ativa é 500/800.

O que determina um cliente ativo é praticamente a frequência de compra esperada para o produto no curto prazo. Por exemplo: açaí. *Com que frequência você espera que seus consumidores o comprem? Todo os meses?* Se não compram nesse período, já é um indício de que algo aconteceu com esses clientes. Assim, a frequência de compra esperada indica quão longo ou não é o seu período para determinar se a carteira está ativa.

O indicador da carteira ativa é obtido da seguinte forma:

divide-se o número de clientes que estão ativos pelo total de clientes da carteira da empresa. O número resultante indica que 20, 30 ou 70% dos clientes da carteira estão comprando no momento. Quanto maior o grau de atividade da carteira, melhor ela é. Demonstra que os clientes são fiéis à marca.

$$\text{Carteira Ativa} = \frac{\text{N}^\text{o} \text{ de clientes ativos}}{\text{N}^\text{o} \text{ de clientes da carteira}}$$

Há os que compram toda semana, os que compram uma vez por ano, os que compram de vez em quando e os que oscilam entre você e o concorrente. Então, quanto melhor for o seu monitoramento, maior será a eficácia de suas ações para manter clientes no dia a dia da empresa. É isso que a carteira ativa monitora: *de todos os clientes que compram comigo, quais estão comprando nesse momento?* Lembrando que momento atual significa, de forma geral, o intervalo de 1 ou 2 meses.

Imagine que uma organização começa e termina o ano com 80% dos clientes comprando. *Como você avaliaria o desempenho dessa carteira?*

A maioria das pessoas responderia que o desempenho ao longo do ano foi equivalente. Mas, *você imaginou que o volume da carteira pode ter diminuído? Ou que, ao longo do ano, os melhores clientes foram saindo e, de repente, novos clientes fizeram compras bem pequenas?*

O percentual da carteira ativa pode continuar o mesmo, mas, ao invés de ter grandes clientes comprando, ela foi substituída por novos clientes que compram pouco. Sem um monitoramento mais detalhado, o resultado é disfarçado, conforme demonstrado na figura (3.5: pág. 43).

Uma carteira de clientes ativa não necessariamente quer dizer que a empresa está tendo um bom desempenho. Essa anomalia acontece frequentemente.

Movimentação interna não percebida da Carteira Ativa

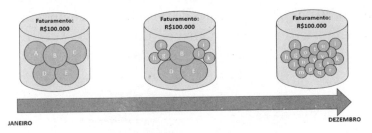

Figura 3.5: Movimentação interna da Carteira

O ano inteiro a empresa prospecta, mas, em todos os meses, clientes deixam de comprar e ela não percebe, porque o volume global permanece o mesmo. Por isso, é superficial observar apenas o número final de clientes. Uma análise assim impede de avaliar a qualidade da carteira. É possível descobrir apenas qual é o seu grau de aderência, a sua atividade hoje.

Assim, monitorar, exclusivamente, clientes perdidos e carteira ativa não é suficiente para a Excelência Comercial. Portanto, utilizamos, também, as metodologias cliente chave e PCA, exatamente para monitorar esses dados de forma mais detalhada: *Os 80% que estão ativos realizam compras de qualidade? Estão comprando melhor?*

Clientes chave e PCA monitoram se os clientes são bons, se estão comprando o máximo de acordo com o potencial avaliado. Em outras palavras, avaliam se você, gestor, está extraindo todo o potencial deles. Esses indicadores complementam o monitoramento básico, avaliando a qualidade da carteira de clientes.

Cliente chave

Quem são os clientes chave do negócio?
São os poucos clientes que, em geral, garantem grande

parte da margem bruta da empresa.

Figura 3.6: Quando a empresa consegue medir todos os círculos, ela está medindo todos os indicadores para gerir a sua carteira de clientes de forma eficaz.

É comum tratar um cliente importantíssimo como se ele fosse qualquer outro. Quando se tem conhecimento de quem ele é e do quão representativa é a sua participação, a empresa passa a tratá-lo de forma diferenciada. Quanto mais tarde se perceber quem é esse cliente, para agir coerentemente com ele, mais resultado pode se perder ao longo do caminho.

Para compreendermos melhor a relação entre o tratamento diferenciado e seu impacto nos resultados, vamos imaginar que um vendedor decida oferecer 5% de desconto no preço de tabela para aumentar o volume da venda. A reflexão a ser feita é: *todos os clientes precisavam de desconto ou só aqueles para os quais se pretendia aumentar o volume?* Veremos (pág. 84 – BOXE *Cash margin*) que esse cálculo por si só nem sempre gera resultados positivos. Imagine quando aplicado em situações equivocadas, ou seja, para clientes que não precisariam de desconto.

Monitorar as informações da carteira de clientes possibilita mais assertividade e especialidade de ações. As decisões passam a ser tomadas para nichos específicos de clientes e a equipe comercial é direcionada para abordar cada segmento de uma maneira diferente.

Sempre que avaliamos um número, uma venda ou uma carteira ativa, há um comportamento que se repete. Por não realizarem essa análise mais profunda, as empresas têm dificuldade de identificar os clientes chave, os quais, em geral, representam 80% das vendas.

Essa proporção diz respeito a uma ferramenta da Qualidade muito utilizada para analisar fatos e dados. De acordo com Godoy e Bessas (2018), o Diagrama ou Gráfico de Pareto foi criado com o objetivo de conhecer a relação de causa e efeito e priorizar as variáveis que trarão os maiores e melhores resultados. Também conhecido como princípio 80:20, esse conhecimento afirma que, em um comportamento estatístico normal, 80% das consequências vêm de 20% das causas.

Para definir um cliente chave, 2 aspectos são considerados. Observamos a margem bruta (por cliente no período inteiro, geralmente um ano) que ele deixa na empresa e qual é a frequência de compra, aqui entendida como mês, pois pode-se ter deixado uma boa quantia em um ano, em alguns meses ou todos os meses. É mais interessante ter clientes que deixam R$1.000.000,00 e compram todos os meses do que ter os que deixam R$1.000.000,00, mas compram uma vez por ano.

Clientes	Margem Bruta acumulada (R$)	Frequência (vezes/ano)
A	R$1.000.000,00	12 vezes
B	R$800.000,00	8 vezes
C	R$800.000,00	3 vezes

A metodologia cliente chave identifica clientes que são muito frequentes e os que deixam muita margem absoluta na empresa. Na imagem (3.7: pag. 46), exemplificamos como descobrimos quem são eles:

Figura 3.7: Como descobrir os clientes chave.

Em relação à margem, classificamos esses clientes em quadrantes e chamamos de Cliente A aquele que deixa a maior margem. O cliente que deixou uma margem mediana é o Cliente B, o que está abaixo da média é o C e os que menos deixaram margem são os Clientes D. Da mesma forma, faz-se com a frequência, classificando-os de A até D, conforme figura abaixo.

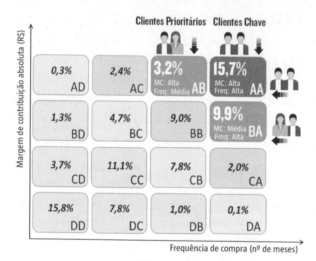

Figura 3.8: Clientes chave e clientes prioritários (exemplo).

Quando cruzamos essas informações, chegamos no cliente chave.

É cliente AA aquele que compra muitas vezes durante o

ano e contribui para a margem da empresa e, por consequência, não pode ser perdido de jeito nenhum. Esse cliente, portanto, merece uma estratégia comercial diferenciada, pois, se ele deixar de comprar, você perde muito dinheiro e muita frequência de compra.

Os clientes AB e BA também são chave, mas os chamamos de clientes prioritários. São clientes que deixam muito, mas que compram menos vezes por ano ou compram muitas vezes, mas deixam menos dinheiro. É importante, também, haver uma estratégia específica para esses clientes.

Por exemplo, o cliente AB deixa muita margem, mas compra numa frequência menor. Deve-se tentar aumentar a sua frequência de compra. O cliente BA deixa menos margem, mas é muito frequente. Deve-se aumentar o *mix* ofertado a ele e tentar elevar o seu *ticket* médio, pois é um cliente que todo mês está na empresa, mas poderia estar deixando mais dinheiro.

De acordo com a nossa experiência, quando se acompanha AB, AA e BA, em geral, estamos monitorando pelo menos 60% da margem da empresa. Então, o grande desafio da área comercial é identificar quem são os clientes chave e os prioritários, para protegê-los dos concorrentes.

Todos os outros quadrantes são clientes importantes, mas você os monitora no dia a dia da organização, nos rituais da empresa e nas rotinas. Os únicos que merecem tratamento especial são os clientes chave, porque são clientes robustos e frequentes.

Explorar o cliente chave é explorar a sobrevivência da empresa. Ele é o grande patrimônio do negócio. É um cliente fiel, que compra muito. Ele merece prioridade. Esse cliente não pode ficar inativo. Se ele ficar inativo, deve-se buscar compreender o que aconteceu. *Por que deixou de comprar? Foi para o concorrente?*

Monitorar esses clientes permite acompanhar, inclusive, a atuação do seu concorrente e o desempenho do seu produto. Sim, pois se o seu produto não girar nesse cliente, provavelmente não vai girar nos demais. **O cliente chave sustenta o negócio.**

É importante atentar que não se deve possuir apenas clientes chave. É essencial trabalhar a horizontalização da carteira. Ou seja, em uma carteira com muitos clientes, deve-se buscar uma distribuição numérica e conhecer quem é cliente chave.

Essa é uma estratégia de dentro para fora. Você não diz para o cliente que ele é chave. Pois, se ele souber disso, ganha poder de barganha. Ele deve somente **perceber que é chave** por meio da entrega pontual e do atendimento diferenciado, compreendendo que é muito bem tratado. A empresa deve antecipar todas as suas necessidades.

	ESTRATÉGIAS PARA GESTÃO DAS ALAVANCAS	CHAVE (AA)	PRIORIT. FREQUENCIA	PRIORIT. MARGEM	NOVOS	ATIVOS/ INATIVOS
1	Ações de sell out (verbas, participação em tablóides, promoções	●	●	●		
2	Política de descontos e condições diferenciadas	●				●
3	Campanhas de trade mkt direcionadas	●				
4	Identificação de parcerias	●	●	●	●	●
5	Frequência adequada de visitas aos clientes		●			
6	Introdução / revisão de mix com melhor rentabilidade			●		
7	Redução das despesas operacionais de venda para garantir a rentabilidade	●	●	●	●	●
8	Priorização dos clientes pelo porte para Plano de Visitas				●	●
9	Introdução vendas por telefone para clientes de menor porte				●	●
10	Campanha de reativação de clientes					●
11	Seleção de fontes de potenciais clientes (leads)				●	
12	Capacitação do call centers para construir Agenda do Consultor de Vendas (Novos e Ativos/Inativos)					
13	Estruturação da Piscina de Vendas (novos)					
14	Aumentar trava de Conversão das etapas do processo de vendas (novos)					

Figura 3.9: Síntese das ações estruturantes para a gestão da carteira de clientes.

PCA

Este é o segundo ponto de análise da qualidade da compra

do cliente. O PCA estuda o potencial de compra do cliente ativo. Mas, o que é isso?

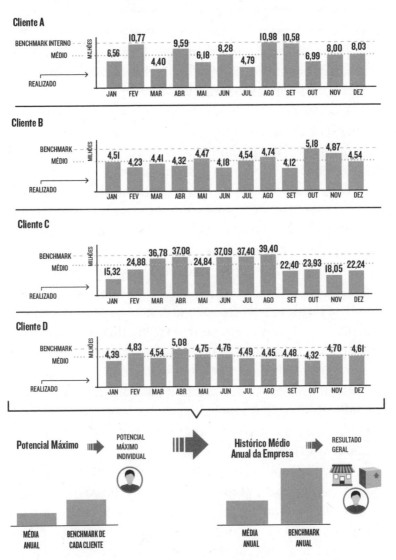

Todo cliente possui um comportamento de compra. Ao analisar o volume do seu histórico, verifica-se qual é a sua frequência e o seu potencial de compra. Por exemplo, identificar que, em algum mês, ele comprou menos do que já comprou antes, indica que a empresa poderia ter vendido mais.

Muitas vezes, não são necessárias pesquisas de mercado ou *softwares* para o levantamento e a compilação de informações. O vendedor já traz os dados relevantes a partir da sua vivência diária no mercado. O cliente, ao comprar, deixa subsídios suficientes para as tomadas de decisão, as quais, quanto mais rápidas e assertivas forem, mais chances dão à empresa de se antecipar ao mercado frente à concorrência.

Analisar o comportamento do consumidor, para definir seu perfil de compra e comparar sempre a aquisição atual com o perfil do histórico, permite avaliar se a capacidade de compra dele está sendo explorada ao máximo ou não.

No mundo ideal, o melhor seria identificar o *client share*, ou seja, a sua participação dentro do negócio do cliente. Por exemplo, *se você é fornecedor de produtos de limpeza, como saber se o seu cliente compra apenas com você?* Em alguns casos, não há como descobrir, mas a empresa pode buscar as informações já fornecidas pelo cliente nas compras anteriores.

Essa técnica ainda é pouco utilizada no mundo empresarial. Muitas vezes, as empresas não fazem um ótimo uso das informações que possuem. Em geral, elas não avaliam o perfil de compra dos clientes para explorá-los melhor. As organizações poderiam saber com mais precisão para quem oferecer determinado produto, para quem vender um pouco mais, quem deveria ter o *ticket* médio melhor explorado ou quem poderia comprar com mais frequência.

Trazemos um exemplo dessa técnica aplicada de forma mais avançada: para um fornecedor de farinha de massa de pizza saber qual é a sua participação na compra desse produto pelo cliente, é preciso que ele faça a conta reversa com base na produção total do cliente. Ao descobrir que está próximo de todo o seu potencial de compra, ele questiona: *o que devo fazer para que ele compre 100% da farinha comigo?* A resposta é: o fornecedor deve incentivar o cliente a produzir mais pizza. Deve ajudá-lo a crescer no negócio, pois assim vende mais.

Quando se alcançam determinados níveis de engajamento, deve-se apoiar essa parceria para que faça sentido o cliente ter apenas um fornecedor. Por isso, passamos a investir no negócio dele. A relação entre fornecedor e cliente se transforma em fidelidade.

Essa relação de parceria é mais fácil de ser realizada em segmentos nos quais há exclusividade do fornecedor. Mas, por exemplo, em um mercado muito pulverizado, se você tem 50% do *client share*, já está suficiente. Se o cliente aumentar as vendas, ele vai comprar mais de você.

Quando a organização compreende e pratica esses indicadores vitais da carteira de clientes, ela sai das generalizações e otimiza a sua abordagem comercial. Ao monitorar o cliente ativo, o cliente chave e o PCA, as antigas cobranças para "aumentar preço, volume e *mix*" transformam-se em planos de ação para a equipe de vendas. Os indicadores guiam o planejamento dos vendedores. É o verdadeiro mapa do tesouro.

3.2 Ampliação da carteira

Com a manutenção da carteira, a empresa está protegendo seu patrimônio. Mas, ao longo do tempo, o mercado pode crescer e surgirem novos clientes comprando esse produto. Nesse caso, se ela não estiver atenta, o concorrente capta esses clientes e cresce.

Outra situação que pode ocorrer é o mercado estagnar. Nesse contexto, para a organização crescer, ela deve começar a olhar "para fora" e trazer os clientes dos concorrentes, pois apenas a manutenção da carteira não garantiria o crescimento da companhia no longo prazo. Para isso, seria necessário aumentar o volume de vendas e ganhar *share*.

Em última instância, quanto maior a participação da empresa no mercado, mais relevante ela se torna e consegue gerar resultado com mais volume de vendas.

Podemos desdobrar qualquer cadeia de prospecção comercial em 4 grandes momentos. A forma de conduzir esse processo e a satisfação do cliente pode variar de acordo com a organização.

Figura 3.10: Processo comercial

Funil de vendas

O funil de vendas é um recurso útil para a gestão comercial, porque otimiza a venda ao esclarecer para a equipe as etapas do processo e os momentos ideais para abordar o cliente. Juntas, essas ações reduzem o desperdício de oportunidades de vendas.

Quanto mais o comprador se aproxima da venda, mais próximo está do final do funil. As etapas desse processo podem variar de acordo com as empresas. Cada organização possui processos, etapas e complexidades distintas. Por isso, o funil não é padronizado. É importante compreender como os seus clientes compram para definir as etapas.

Cada empresa deve fazer o seu funil e medir a taxa de conversão. Deve-se definir, por exemplo: *quanto se deve ter de leads para realizar um telefonema? Quantos telefonemas são necessários para conseguir uma visita? Quantas visitas devem ser realizadas para fazer um teste? Quantos testes experimentados geram um orçamento? Quantos orçamentos são necessários antes da negociação?*

A taxa de conversão deve ser crescente a cada etapa do funil, porque cada passo avançado significa que o relacionamento do cliente com a marca está cada vez mais estreito, que ele vê valor na oferta e está disposto a pagar por ela. Ou seja, o cliente conhece melhor o negócio e demonstra mais interesse; avança no processo de aproximação. Perder um cliente no final do funil, após esforços dedicados, é mais crítico do que perder no início, quando ele praticamente ainda não se relacionou com a marca.

O resultado dos indicadores de conversão do funil pode variar de vendedor para vendedor. Isso é importante para saber no que o profissional é bom, no que ele pode melhorar e no que ele precisa ser treinado. O objetivo é perceber onde há oportunidades e aumentar a taxa de conversão por etapa e por vendedor.

Se não houver estruturação, treinamentos e indicadores para o funil de vendas, a empresa pode perder oportunidades de venda o tempo todo, em momentos distintos do funil. A atuação dos vendedores pode variar entre uma etapa e outra, quando se percebe que clientes podem estar sendo perdidos.

Há um caso em que, em uma concessionária, haviam 3 etapas no funil de vendas: fluxo de loja, orçamento e compra. Certo tempo depois, percebeu-se que quem fazia *test drive* comprava mais. A constatação levou à inserção dessa etapa antes da compra final.

No exemplo acima, se a pessoa pediu um orçamento e não comprou com ele nem com ninguém, ela volta a ser adicionada como *lead*. Se ela chegou próximo ao final e comprou de outra empresa, volta para uma etapa chamada "potencial comprador daqui a 3 anos", período em que geralmente os carros são trocados no Brasil.

Nesse intervalo, o vendedor entrará em contato com ela no primeiro ano para saber se está satisfeita com a compra realizada. No ano seguinte, fala sobre um lançamento de um novo veículo da sua loja e, em 2 anos e 6 meses, faz uma investida maior, porque sabe que a pessoa vai trocar de carro. Independentemente do motivo pelo qual o vendedor não efetuou a venda naquele momento, ele deve retornar com o possível comprador para o funil.

No atual contexto de avanço tecnológico exponencial, a interpretação da jornada do cliente em um funil pode se tornar insuficiente. A conexão complexa de dados ricos de potenciais clientes permite um monitoramento muito mais avançado dos seus "passos" e a sua jornada no processo de compra passa a ser representada por uma teia. Com uma leitura baseada em pontos de interconexão, é possível conduzir o *lead* para outros canais de relacionamento do campo de atuação da empresa por meio dos quais o possível comprador nunca estará perdido. Essa é uma realidade em evolução.

Para alcançar resultados excelentes, é importante que a empresa conheça suas capacidades e qualidades e que também saiba como atuar no mercado que se transforma constantemente.

Figura 3.II: Processo comercial

A seguir, abordaremos as duas etapas críticas nesse processo comercial: prospecção e negociação.

Prospecção

Ao gerir a fase de prospecção, um dos principais objetivos é evitar a perda de novas vendas, o que é passível de acontecer por diversos motivos. Seja porque um *prospect* não está sendo visitado como deveria, seja porque o melhor preço não foi ofertado durante a negociação ou porque um crédito não foi liberado devidamente.

Existem 2 grandes tipos de prospecção, mas as empresas geralmente se atentam a apenas um deles. A prospecção comumente praticada é a de novos clientes a integrarem a carteira da empresa.

A outra possibilidade de prospecção é na própria carteira de clientes. A primeira dúvida que vem à cabeça é: *como?* Imagine que a atual carteira da empresa já possui um grupo significativo de compradores que conhecem a marca, se relacionam com ela, mas não consomem todo seu portfólio de produtos ou serviços. A pergunta para esta ocasião é: *mas poderiam?* O esforço de conquistar um novo cliente é maior do que o de aumentar o *mix* para um cliente atual, porém essa técnica não é explorada por muitas áreas comerciais.

Figura 3.12: Tipos de prospecção

No mar (*prospects*)

Vamos falar de novos *prospects* de venda. Para isso, precisamos pensar no significado do próprio conceito: *quais são os relacionamentos que não estão na minha empresa, mas que poderiam estar?* Ou seja, como transformar um possível cliente *(lead)* em um potencial cliente *(prospect)*?

Podemos fazer uma analogia com o oceano, o qual representaria o cenário de mercado. Nele, estariam nadando diferentes peixes, baleias, tartarugas marinhas e outros animais. A grande questão é descobrir qual deles se encaixaria perfeitamente como um ótimo comprador diante do que você tem a oferecer e com qual você ainda não possui relacionamento. Vamos chamá-lo de cliente estrela-do-mar.

Esses clientes estão soltos no oceano, junto com outros que podem até ser grandes no mercado, mas que não necessariamente comprariam muito o que você vende. Os clientes estrela-do-mar são os que nos interessam a entrar na carteira, porque possuem elevado potencial de compra, independentemente do porte que têm.

Assim, o primeiro passo para a prospecção de novos clientes é definir a estrela-do-mar: *para qual perfil de cliente quero fazer grandes vendas?* Só obtemos a resposta após seguir os passos para identificação dos clientes chave na carteira. É preciso observar o perfil de clientes que atualmente compram bem e que já fazem parte da sua carteira.

Logicamente, há também o perfil de cliente não explorado e que poderia ser incorporado à carteira, mas o entendimento da venda atual é fundamental para essa entrega.

O segundo passo da prospecção é saber como encontrar os clientes estrela-do-mar.

As principais maneiras de encontrá-los são:

- Pesquisar em órgãos de classe;
- Adquirir bases de dados;
- Contratar pesquisas de mercado;
- Utilizar o próprio vendedor como inteligência de mercado, uma fonte de informações valiosas.

Figura 3.13: Como encontrar os clientes estrelas-do-mar

Todos os dias, os vendedores têm novas experiências e dados de mercado. Caso não sejam bem transmitidos de maneira a utilizá-los para tomada de decisão, a organização não os transforma em resultados.

É fundamental que a empresa desenhe o processo comercial de prospecção de novos clientes e crie uma **área de inteligência de mercado,** com pessoas e processos que indiquem ao vendedor as informações que ele deve buscar e trazer para a companhia.

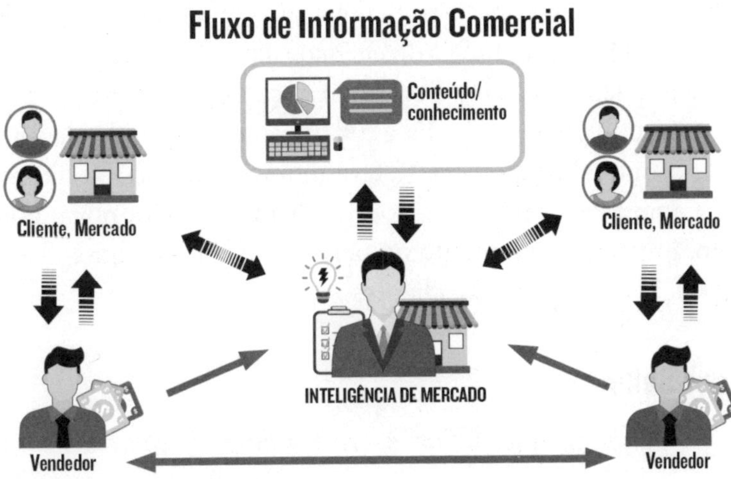

Figura 3.14: Área de Inteligência Comercial

A informação segue um fluxo com duas pontas iniciais, ou seja, ela pode vir dos vendedores ou dos recursos de *big data* alimentados diretamente pelos clientes para, então, chegar na empresa. Assim, a área de inteligência de mercado trabalha os dados e os devolve, para que os vendedores tomem decisões inteligentes a fim de vender mais.

Nos clientes atuais

Empresas se esforçam buscando novos clientes e deixam de fazer vendas melhores para os que já estão na carteira. O trabalho de prospecção no oceano é muito mais caro e dispendioso. Você pode prospectar clientes na sua carteira atual por meio do *cross selling* e da roteirização.

Ambas são técnicas voltadas para clientes que já possuem relacionamento com a empresa, mas que ainda não adquirem a oferta do *mix* ideal.

O *cross selling* diz respeito às novas ofertas que os vendedores podem trazer para o cliente atual. Por exemplo, uma padaria compra apenas açaí de um fornecedor, mas poderia estar comprando outros itens, como sucos, congelados ou produtos derivados de fruta. O fornecedor não oferece outros itens, porque a padaria sempre comprou somente açaí. Agindo assim, ele não explora o cliente com toda a diversidade da sua cesta de produtos.

Paralelamente, uma boa roteirização diz respeito ao planejamento inteligente do dia a dia do vendedor: onde ele deve estar, com qual frequência, se terá momentos livres ou não, se visita apenas a carteira atual ou também a carteira nova. Portanto, impacta diretamente na performance de manutenção e ampliação do número de clientes.

Cross Selling

A *pergunta que define o cross selling*[4] *é: como explorar*

4- Semelhante ao *cross selling*, a técnica de *up selling* oferece ao consumidor...

melhor o portfólio de produtos diversificando a venda para os clientes que já estão na carteira? Essa técnica é quase tão difícil quanto somar um novo cliente na carteira. A diferença é que, nesse caso, a empresa já tem a vantagem de o cliente conhecê-la, já há um relacionamento e um grau de confiança estabelecido, com um posicionamento de marca definido.

Quando a empresa estrutura um planejamento de venda cruzada, ela investiga na sua carteira perfis de clientes e quais produtos poderia estar vendendo para eles. É como se estivesse fazendo prospecção na própria carteira.

Primeiramente, é preciso segmentar os clientes de acordo com o perfil. *É um bar? É um restaurante? Está localizado em uma região nobre? É público C ou D?* Segmentar não pelo que ele compra, mas pelo que ele representa no mercado: se varejo ou atacado, pequeno ou grande porte, atende qual região. A regra é definida pelo tipo de negócio. Cada empresa segmenta de acordo com o seu mercado.

CLIENTES / PRODUTO	PRODUTO 1	PRODUTO 2	PRODUTO 3	PRODUTO 4	PRODUTO 5	LEGENDA	DESCRIÇÃO
Cliente 1	x	OK	OK	-	-	**OK**	Cliente compra o Produto
Cliente 2	x	-	x	-	OK		
Cliente 3	x	-	x	x	OK		
Cliente 4	OK	OK	OK	-	-	**-**	Produto Potencial a Ser vendido no Cliente
Cliente 5	-	x	-	OK	OK		
Cliente 6	-	OK	-	OK	x		
Cliente 7	OK	OK	x	OK	OK		
Cliente 8	OK	x	x	OK	OK		
Cliente 9	x	-	OK	-	-	**X**	Cliente não possui perfil de Compra do produto
Cliente 10	OK	OK	OK	OK	OK		
Cliente 11	OK	x	-	-	-		
Cliente 12	-	x	OK	OK	OK		

Figura 3.15: Análise de perfil de compra de clientes.

uma opção com características adicionais ao produto ou serviço que está sendo procurado. Ambas são iniciativas rápidas, assertivas e de baixo custo para aumentar o *ticket*.

A organização deve identificar qual é a cesta ideal para cada um desses perfis. Não se trata de quantidade, mas de quais produtos esse cliente compraria bem. Uma vez segmentados, a análise histórica do perfil de compra em grupos amostrais de clientes ajuda na construção da cesta. Dessa maneira, a empresa terá condições de mapear qual produto está deixando de ser oferecido para cada cliente.

Com posse dessas informações, a organização consegue direcionar a força comercial para quais clientes deve priorizar em termos de *cross selling*. Os de porte mais elevado e com maior *gap* em relação à cesta ideal serão o foco inicial. Este é um papel desempenhado pelo supervisor na roteirização.

Roteirização

Ao falar sobre rotas, é preciso explorar o conceito de cobertura, o qual confronta quais áreas o vendedor atende e para quais ele está efetivamente vendendo.

A análise de cobertura é uma prática que explora muitas oportunidades. As informações auxiliam na verificação e correção de deficiências da força comercial na otimização do potencial de vendas e no planejamento da estrutura comercial. Ela também identifica áreas que estão sem cobertura. A sua amplitude pode ser, por exemplo, em cidades, regiões ou bairros. Tudo depende da área e das equipes analisadas.

Sendo assim, ao abordar a roteirização, 2 pontos são considerados: a frequência de visitas e o seu planejamento, elaborado pelo supervisor. A roteirização define quais clientes serão visitados e quando. Nas empresas, é comum percebermos que as equipes de vendas têm a liberdade para tomar essa decisão como melhor entendem.

De forma geral, o vendedor elabora o roteiro mais cômodo para ele. O primeiro ponto de venda é o mais próximo da sua hospedagem e ele visita com mais frequência aquele cliente com quem possui mais afinidade.

Para fazer uma roteirização correta, deve-se antes estudar a frequência de visitas ideal a cada cliente. Geralmente, quanto maior o porte do negócio, mais visitas ele requer. O canal também pode influenciar. Por exemplo, no *food service*, muito representado por pequenos pontos de venda que realizam pequenas compras, exige-se uma roteirização mais frequente.

A ordem das visitas é uma questão matemática. Deve-se traçar o percurso mais eficiente para atender uma quantidade de clientes que garanta ao vendedor gastar o menor tempo possível no deslocamento. Assim, ele ganha mais tempo para o relacionamento no ponto de venda.

Nem todo vendedor deve possuir a mesma quantidade de clientes a visitar. Essa situação varia de acordo com o perfil dos compradores. O importante é a empresa determinar quantos clientes o vendedor deve visitar e qual é a ordem das visitas. Feito isso, há uma equação: "você tem x horas para realizar n visitas".

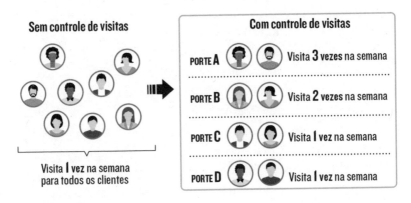

Figura 3.16: Plano de Roteirização

No momento de organizar as visitas, os clientes estrela-do-mar, que estão fora da carteira, também devem ser inseridos nas rotas. O ideal é que a organização consiga determinar quanto do tempo do vendedor é dedicado para visitar a carteira atual e quanto é reservado para prospectar "no mar".

O tempo dedicado à prospecção de novos clientes está relacionado à estratégia da empresa naquele momento. Há, ainda, outros formatos de prospecção em rota (*hunter*) a serem abordados posteriormente nesta obra.

Em um exemplo real de mercado, após um trabalho de reorganização de rotas e segmentação de clientes, o vendedor passou a visitar quem ele deveria, na frequência ideal e ficando mais tempo na loja. O novo planejamento resultou em 2 grandes impactos positivos. O primeiro foi a redução do seu custo da visita, pois ele visitou mais clientes no mesmo dia, o deslocamento foi menor e a visita foi mais efetiva. O segundo foi que o profissional está vendendo mais. O *ticket* médio do cliente tende a aumentar quando há mais oportunidade para relacionamento.

A rota desenhada é o mapa do tesouro para o vendedor. Sem a roteirização, ele perde vendas de clientes que ele não visitaria no modelo anterior.

Figura 3.17: Roteirização

Importantíssimo ressaltar que a roteirização é dinâmica. À medida que clientes são acrescentados à carteira ou que passam a comprar mais, é preciso avaliá-la periodicamente e talvez refazê-la. Deve-se repetir a mesma prática dos indicadores de monitoramento da carteira. Alguns clientes ficam inativos, outros passam a comprar menos. Por isso, a empresa precisa organizar e reorganizar as rotas, permitindo a otimização do tempo do vendedor.

Uma empresa que tem essa prática bem estruturada sabe rapidamente quando necessita aumentar sua força comercial ou não. A organização consegue ser mais efetiva na venda, porque essa etapa passa a ser um planejamento da prospecção.

Gestão de vendas remota

Para toda visita, há um custo. *Todo cliente precisa ser visitado todos os meses ou todas as semanas? Outros canais de venda poderiam otimizar essa relação cliente-equipe comercial?* Dependendo do comprador e do produto, há clientes que não gostam de ser visitados e há outros que são tão pequenos que o custo da visita é inviável. Existem, também, os que só fazem reposição e os que estão quase sendo perdidos.

Um canal de vendas paralelo é importante para reduzir clientes da rota sem deixar de atendê-los, pois receberão uma gestão de vendas remota, como telemarketing ou internet.

O atendimento remoto custa menos e não exclui a visita, caso seja necessária uma reaproximação do cliente. Nesses casos, ela pode ser inserida extraordinariamente na rota da equipe de vendas.

O essencial é que a área comercial tenha procedimentos de como deseja tratar o cliente.

Visitas

Independentemente do cliente ou do produto, um dos pontos fundamentais para o vendedor, que já possui informações de quais os clientes irá visitar e de quando irá, é se preparar para fazer a visita.

Ele precisa se planejar para conhecer o cliente. Quanto mais caraterísticas souber, melhor. Seguem alguns exemplos de perguntas excelentes: *em que região ele está localizado? Quem é o cliente desse cliente? Qual foi a sua última compra? Quais produtos costuma comprar? Qual é o seu giro médio?*

Ainda sobre o cliente, o vendedor deve identificar quem são os **tomadores de decisão**, os **influenciadores** e os **usuários**. Por exemplo, se eu estiver vendendo material de limpeza para uma fábrica, os usuários são os funcionários da limpeza. O influenciador pode ser uma pessoa de outra área e o decisor pode ser o gestor da área de suprimentos. Saber quem exerce os papéis de usuário, influenciador e decisor é essencial para uma abordagem diferenciada.

A mensagem é específica para cada um. O influenciador é aquele que impacta no processo de decisão e avaliação de produtos. Geralmente, são pessoas que indicam marcas, locais de consumo e preço. Já o decisor é quem toma a decisão sobre qualquer componente de uma compra: se deve comprar, o que comprar e onde vai efetuar a compra.

Figura 3.18: Figuras no cliente

Outro ponto relevante é conhecer os concorrentes de quem vai ser visitado. *Além deste cliente, quem mais vende o mesmo produto? Quanto cobra? Que quantidade de insumo seu produto possui? No que o produto do concorrente é melhor do que o do meu cliente?* É importante que o vendedor conheça muito bem o produto e os concorrentes do cliente.

Antes da visita, é preciso determinar quais são as oportunidades para aquele cliente, o que pode ser feito via *cross selling* ou por outras abordagens. *Vou te visitar, o que vou te oferecer?* Isso não pode ser pensado no momento da venda. O ideal é refletir: *já que vou te visitar, como vou me planejar?*

Assim, o vendedor deve se programar para identificar que tipo de oportunidade vai oferecer. *Há algum produto que se encaixa no perfil desse cliente? Existe algum produto que não ofereci para ele ainda? Há algum produto que o concorrente dele compra e ele não compra?*

Até aqui, vimos a importância de trabalhar a roteirização, ou seja, já foi determinado quem o vendedor visita e quando. Na gestão da carteira, foram levantados os indicadores e as informações básicas para conhecer o cliente. Assim, uma rotina já foi elaborada. Agora, abordaremos o que ele precisa saber para efetuar uma venda a partir de tudo o que já tem acesso.

Chegou a hora executar a venda. Já que a oportunidade foi identificada, saiba no próximo tópico como prosseguir.

Negociação

Um dos fatores mais determinantes para a venda é o planejamento da negociação. É fundamental que o vendedor esteja atento ao contexto da negociação, fazendo a leitura objetiva do ambiente e sabendo qual é o papel do interlocutor naquela ocasião (comprador, influenciador, decisor ou usuário do produto).

O vendedor deve vestir-se de forma adequada e se preparar para argumentar estrategicamente, fazendo uso consciente dos elementos tempo, informação e poder de barganha. Para isso, deve conhecer os verdadeiros interesses de ambos os lados da negociação e combater objeções sem perder a empatia. Afinal, a negociação acontece entre pessoas e não entre empresas! Por exemplo, seu cliente é um supermercado e você se pergunta: *por onde devo iniciar a visita?* Pelo próprio supermercado! Identificando a categoria do seu produto, observando como os itens concorrentes estão posicionados e, também, como os preços são ofertados.

Assim, antes da abertura da negociação, deve-se analisar o que fazer nessa visita. Ir até o usuário ou o influenciador, antes de ir ao decisor, é melhor para planejar e organizar a argumentação do produto. *No supermercado, quem é o usuário e quem é o influenciador?*

Perfis de Clientes

Para introduzir uma negociação e trabalhar na mesma sintonia que o cliente, é importante que o vendedor identifique o seu perfil.

Existem 4 principais tipos de compradores. Essa classificação ocorre em função do tempo para tomada de decisão (lento ou rápido) e da forma como ele toma decisões (racional ou emocionalmente):

- Decisão lenta e racional: perfil analítico
- Decisão lenta e emocional: perfil afável
- Decisão rápida e emocional: perfil expressivo
- Decisão rápida e racional: perfil pragmático

Com um cliente de perfil analítico, o vendedor compartilha mais informações e características do produto, não o apressa para tomar decisões. Ao lidar com um cliente afável, é importante construir um grau de relacionamento e um vínculo emocional. O comprador de perfil expressivo é o que conversa, fala alto e gosta de estabelecer confiança. Quem tem perfil pragmático vai direto ao ponto para fechar negócio. É um detalhe importante para criar conexão.

Atenção! O perfil pode ser alterado quando o comparador sai da sua zona de conforto.

Modelo perde-perde e preço

Toda negociação deve levar em conta variáveis além do volume e do preço. Se, por exemplo, apenas essas duas estão envolvidas, você deverá ceder em pelo menos uma. Quando se inclui outros aspectos, como o prazo de pagamento, o prazo de entrega, algum serviço que pode ser prestado, um brinde, um *mix*, o tipo de produto ou a cesta de produtos, normalmente se consegue trabalhar melhor o preço. Isso porque ele deixa de ser a única variável que teria de ser cedida para o cliente.

Aí vem a importância de se compreender o que é valor para quem está do outro lado, pois é nesse momento que o vendedor vai fazer uma oferta assertiva.

Nas perspectivas mais tradicionais de negociação, entendia-se o ganha-perde como o único formato para negociar. Um dos lados sempre tirava vantagem, muitas vezes o mais forte. Posterirormente, as escolas passaram a ensinar o ganha-ganha como o melhor tipo de negociação. Hoje, entendemos que isso está ultrapassado. O modelo perde-perde pode ser o mais adequado, porque cada lado precisa perder um pouco.

Pensando na equipe comercial, é importante **gerenciar os descontos** que são aplicados na conta da venda e qual é, de fato, a margem que as negociações estão deixando na organização. As empresas costumam observar isso de região para região e não a cada negociação.

Analisar apenas com a lente macro pode dificultar a percepção de clientes que deixam, inclusive, margem negativa nas vendas. Isso acontece, por exemplo, quando alguns poucos clientes fazem grandes compras, as metas regionais são atingidas e não se enxerga em quais negociações a empresa está perdendo dinheiro.

No que diz respeito a descontos, o ideal é que haja uma sugestão de preços para os produtos e que seja monitorado qual está sendo o preço final daquele item em relação ao preço tabelado. Assim, é possível identificar *o gap* de preço de cada negociação.

É importante fazer um paralelo com o volume que está sendo levado em função daquele preço, pois o que vale na negociação é o *cash margin* (pag. 84). O cruzamento de volume, faturamento e margem que a negociação está deixando permite essa visão:

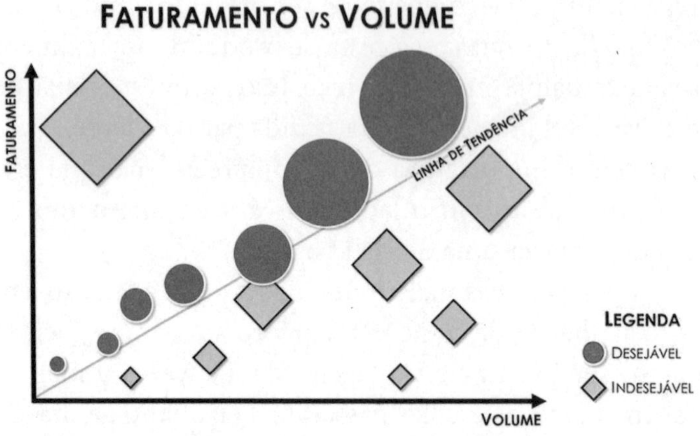

FATURAMENTO vs VOLUME

Figura 3.19: Faturamento vs Volume

Para esse padrão de volume, qual margem podemos esperar na negociação? O gráfico permite identificar visualmente as negociações que estão deixando pouco resultado para a empresa. Esse acompanhamento gerencial é essencial para o **monitoramento das margens das negociações**.

Diferentemente do que foi abordado antes sobre preparação para a venda, aqui observamos o que pode ser feito após a venda, para gerenciar melhor os resultados.

Negociação baseada em princípios

Existem 4 princípios essenciais que norteiam as negociações e as tornam oportunidades para fechar o negócio de forma mais assertiva.

1 Separar as pessoas dos problemas. O vendedor precisa apenas entender e conhecer o cliente.

2 Focar nos interesses e não nas posições. Ou seja, o vendedor deve saber o que o cliente realmente precisa e focar nisso, ao invés de tentar fazer prevalecer sua posição sobre a dele.

3 Criar opções com possibilidade de ganhos mútuos. Isso quer dizer incluir mais itens na oferta, a fim de garantir maior possibilidade de barganha.

4 Insistir para que seus argumentos e o resultado da venda sejam baseados em critérios objetivos. Ele deve contornar "achismos" e trazer a argumentação da venda para um ponto de vista realista.

Outro ponto que também favorece a negociação são os tipos de questões abordadas nela. As questões podem ser:

Distributivas: acontecem normalmente quando se fala de preço. Por exemplo, o cliente quer pagar R$100,00 e o vendedor quer cobrar R$150,00. É cada um puxando para um lado. É uma abordagem utilizada em barganhas ou negociações nas quais as partes dividem ou distribuem os recursos. O foco é no "corte do bolo" e cada um busca a maior fatia possível.

Compatíveis: as partes negociam melhor para ambos os lados. É quando uma delas fala: *apesar desse preço, gostaria que tivesse um promotor na loja*. E outra parte também corresponde nessa intenção.

Integrativas: têm alto impacto para o vendedor, mas baixo para a outra parte. O prazo de entrega pode ser uma questão integrativa, por exemplo. São questões que requerem criatividade estratégica.

3.3 Vendas simples x vendas complexas

Entendemos que vender é a arte de facilitar a compra, porque as pessoas querem comprar e terem suas necessidades atendidas. O vendedor é quem promove esse objetivo.

Para isso, é importante que o profissional de vendas estude o cliente (nome, ocupação, perfil), se prepare para o momento da venda e participe de treinamentos. O papel do vendedor é reduzir a distância entre o produto (tecnologia que a empresa oferece) e o cliente (patrimônio do negócio).

Uma venda pode ser simples ou complexa. A venda simples é aquela que oferece 2 opções: recusar ou comprar. Quando tratamos de uma venda complexa, o seu fechamento, na verdade, é o início de um relacionamento de longo prazo. Normalmente, trata-se de um produto de alto valor agregado, que envolve elevado nível de conhecimento e tecnologia e requer assistência técnica.

Seja simples ou complexa, a venda é um processo que inclui 5 passos principais[5] : abertura, investigação de necessidades, oferta de benefícios, manejo de objeções e fechamento. Em uma venda complexa, cada etapa é fundamental para a conclusão do negócio. No caso das vendas simples, todos os passos podem ocorrer na mesma conversa, não tendo tanta relevância quando analisados separadamente.

5- A venda simples é mais rápida e pode ou não contemplar todas as etapas. Por outro lado, em vendas complexas, muitas vezes são necessárias mais de uma visita para passar por todas as etapas.

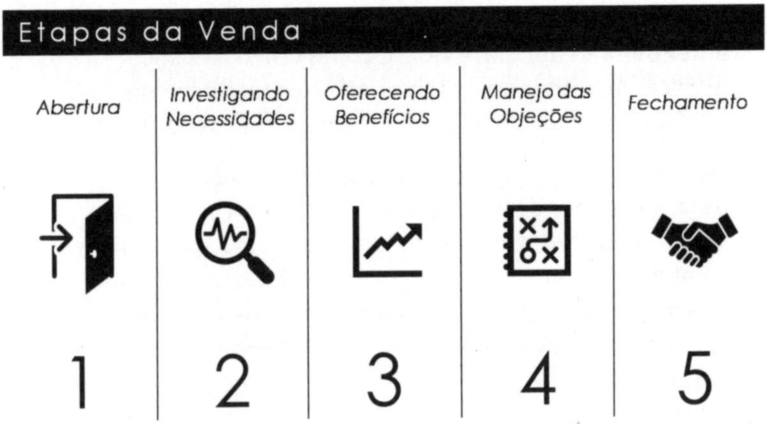

Etapas da Venda

Abertura	Investigando Necessidades	Oferecendo Benefícios	Manejo das Objeções	Fechamento
1	2	3	4	5

Figura 3.20: Etapas da negociação

1. Abertura: envolve conversa e comunicação. A conversa é a oportunidade inicial de quebrar o gelo e criar empatia por meio de perguntas abertas, técnicas de *rapport* ou falando de gostos coincidentes.

Para vender um carro, o vendedor pergunta geralmente: *esse carro é para você? Para a sua família? Para ir ao trabalho? Ou é para ir à faculdade?* É importante quebrar o gelo. Para fazê-lo de forma agradável, é vital cuidar da imagem pessoal, da simpatia e da preparação técnica para transmitir segurança. A abertura é a hora do outro confiar ou não em quem fala.

De forma geral, o vendedor tem um minuto e meio da atenção do cliente para passar informações capazes de fazê-lo acompanhar o resultado da sua fala. O vendedor deve ser **otimista** e reverter qualquer mensagem pessimista, pois isso é contagioso. Assim, seu discurso deve ser sempre positivo.

A **imagem de sucesso** do vendedor é outro ponto de atenção, pois sua imagem pessoal agrega valor ao produto. Como as negociações acontecem entre 2 pessoas físicas com seus vícios, preconceitos e históricos atrelados àquela conversa, se uma não gostar da outra, dificilmente haverá uma negociação positiva para ambos os lados – ainda que se tenha gostado do produto ou da organização.

Para ofertar o produto de forma assertiva, é necessário **entender a demanda**. É quase como um diagnóstico médico. Ao visitar um estoque ou um ponto de venda, na verdade, o vendedor está investigando necessidades.

O próximo passo é **identificar a oportunidade**. Só é possível vender os benefícios do seu produto ou do seu serviço após ter compreendido as necessidades do cliente. Se não, os 2 elementos podem não se encontrar e pode-se acabar oferecendo algo que o cliente não valoriza. A oportunidade é exatamente o que o cliente não tem hoje e o vendedor pode oferecer e entregar. *A necessidade do cliente é a oportunidade do vendedor.*

Outro ponto importante na negociação é a **valorização dos atributos do produto/serviço antes do preço**. Independentemente do que é o produto, deve-se vender o seu valor. O preço é o último a ser referenciado. Na negociação, é importante induzir o comprador, para que a discussão sobre preço seja a menos importante.

Outra técnica utilizada para negociar é a **alavancagem de preços**. Pode soar estranho, mas utilizar números extraordinários ajuda na argumentação. Por exemplo, o comprador pergunta o preço de uma água, que ele sabe que varia entre R$3,00 e R$5,00, e o vendedor responde: "Ah, com certeza custa menos de R$100,00!". O comprador foi levado para outro limite de preço.

A comunicação é voltada para resultados. O vendedor a conduz, fazendo as perguntas certas para obter as informações que precisa do comprador. É importante testar se a mensagem foi recebida corretamente e escutar o cliente com atenção para dar continuidade ao plano de ação.

2. **Investigação de necessidades:** talvez seja a etapa mais importante da venda. Nesse momento, o objetivo é captar qualquer afirmação do comprador que expresse uma vontade ou preocupação que possa ser satisfeita pelo vendedor.

Existem necessidades inconscientes (quando o cliente

acredita que está quase tudo bem), implícitas (quando ele admite que está insatisfeito ou que existe um problema a ser resolvido) e explícitas (quando o comprador deixa claro suas vontades e desejos e faz afirmações como "preciso mudar imediatamente!").

Saber disso não é suficiente. Por vezes, o custo para atender uma necessidade explícita não se justifica. Isso acontece quando, por exemplo, o cliente quer trocar de carro, mas não tem como arcar com o valor do novo automóvel que deseja. Haverá sempre uma balança na qual o valor do custo vai variar de acordo com a gravidade do problema. Alguém só compra algo se o custo para resolver o problema se justifica. Nas vendas complexas, essa balança está em jogo o tempo todo.

No livro *Spin Selling – Alcançando excelência em vendas para grandes clientes,* Neil Hackham afirma que existem 4 tipos de perguntas para investigar a necessidade do comprador:

Perguntas de situação: estão ligadas ao passado ou ao presente. Todos fazem, mas elas não agregam valor ao comprador, por isso o ideal é ser breve.

Perguntas de problemas: investigam a dificuldade ou a insatisfação do cliente. Elas surgem a partir das informações fornecidas com as perguntas de situação e trazem à tona a necessidade implícita até então. Funcionam melhor com perguntas abertas e são mais utilizadas em visitas bem sucedidas e por vendedores experientes. Impactam no fechamento.

Perguntas de implicação dos efeitos dos problemas sobre os clientes: elas sugerem o impacto que o problema acarreta para a pessoa. Constroem uma percepção de valor e são mais difíceis de responder. O vendedor tem que ajudar o comprador a responder. São perguntas com forte impacto no sucesso da venda. O objetivo delas é aumentar o tamanho do problema do cliente para aumentar a gravidade. O ideal é que o vendedor faça uma lista de problemas para pesar ainda mais na balança.

Perguntas de necessidade e solução: favorecem a

aceitação da solução e reduzem objeções futuras. Nesse momento, sugerem-se soluções para o comprador afirmar a necessidade. O objetivo é identificar um problema inconsciente e transformá-lo em uma necessidade explícita, fazendo-a pesar na balança. O vendedor encaminha o cliente para o reconhecimento de uma necessidade que ele pode atender. Essa é a etapa mais crítica da venda.

3. Oferta de benefícios: o cliente sempre compra resultados. Em vendas, é muito comum a confusão dos termos: características, vantagens e benefícios. Esclarecemos a diferença entre eles.

Características são qualidades do produto, sua descrição técnica. Vantagens são quando características são comparadas as de outros produtos. Benefícios são o que realmente fazem a diferença, pois estão ligados ao comprador. Ou seja, estão relacionados à necessidade do cliente.

Imagine um caderno com pauta, por exemplo. A pauta é uma característica que pode ser uma vantagem quando comparado a outro caderno sem pauta. Será um benefício se a folha pautada for a necessidade do comprador.

Por isso, as perguntas e as etapas anteriores são importantes. Não adianta ser uma necessidade implícita, ela deve ser expressa pelo comprador, ou seja, explícita.

4. Manejo de objeções: o vendedor deve validar, reformular e destruir as possíveis objeções do comprador. O vendedor deve estar preparado para responder a 100 possíveis perguntas. As objeções acabam sendo similares entre os clientes. Quando se está falando de um segmento específico, há como preparar a equipe de vendas de forma organizada e treiná-la para as objeções com as quais possivelmente vai se deparar no ponto de venda. Uma área comercial estruturada organiza esse "manual" de argumentos a partir da própria experiência de vendas. É importante, com base na objeção apresentada pelo cliente, criar argumentos que rebatam a ideia central da objeção. Se o vendedor se sair bem nas etapas anteriores, terá poucas objeções.

5. Fechamento: o importante é obter o compromisso correto. Em toda visita há o fechamento.

Na venda simples, há 2 possibilidades de fechamento: o pedido (sucesso) ou a recusa (fracasso).

Na venda complexa, o fechamento pode ser bem sucedido com a efetuação do pedido ou caminhar em dois sentidos: um avanço da negociação ou continuação da negociação. O avanço geralmente define o próximo passo, fica claro o responsável e inclusive uma data. Já na continuação da negociação, na verdade o que existe é a manutenção do relacionamento com o cliente, pois o assunto continua sendo debatido, sem uma finalidade clara e/ou evolução no sentido de se tirar um pedido.

O vendedor deve conduzir o fechamento, pois o comprador tem a tendência de encaminhar para a continuação.

No encerramento da venda, é sempre válido deixar mensagens positivas, a obtenção de compromisso, tornando a venda ainda aberta. Na verdade, está se iniciando a próxima venda ou já marcando a próxima visita. O importante é manter o relacionamento, estar próximo.

O vendedor deve evitar grandes vendas que não são a necessidade do cliente. É melhor vender menos, de acordo como giro do cliente, e ir entregando periodicamente. Isso fará, inclusive, com que esteja mais presente na sua rotina. A principal lição de todas é sempre se preocupar em **agregar valor para o cliente** e não só para o vendedor. Quando esse objetivo norteia as negociações, há muito mais chances de sucesso.

É importante treinar os vendedores em negociação, porque, muitas vezes, a preparação é para um período de 20 minutos, mas o comprador pode ter 60 minutos disponíveis. *O que o vendedor vai fazer e falar? Como quebrar o gelo?*

Nesse sentido, uma boa prática adotada é o teatro de vendas, por meio do qual criamos situações com a equipe de vendedores, nas quais simulamos uma venda, gerando argumentos padronizados e reproduzindo comportamentos recorrentes de clientes. O objetivo é direcionar o comportamento do vendedor e prepará-lo para que se depare com menos surpresas durante a negociação.

O ideal é aplicar o teatro de vendas periodicamente, pois as situações do mercado mudam. Hoje, o tópico de maior atenção pode ser o preço, mas amanhã pode ser o produto. A simulação constante permite que a equipe se reinvente sempre, aplicando e disseminando os argumentos já consolidados e as novas abordagens que estão funcionando. O mercado muda e a equipe se adapta.

Quando praticamos treinamentos como esse, criamos um modelo mental de negociação, um modo de agir assertivamente com o cliente no ponto de venda. Afinal, o vendedor é a imagem da sua marca para o cliente.

CHECKLIST

Capítulo 3

- Conheço meu patrimônio de clientes?
- Sei quem são os clientes ativos e os inativos da minha carteira?
- Consigo recuperar clientes que já perdi no passado?
- Quais são os clientes chave do meu negócio - aqueles que devo tratar de maneira diferenciada e proteger da concorrência?
- Vendo o máximo que poderia para cada cliente? Estou deixando de aproveitar o maior potencial de quem compra?
- Minha organização adota algum modelo de prospecção de novos clientes? Há algum incentivo específico?
- Quem são os nossos principais clientes no mercado? Em qual segmento de clientes precisamos focar?
- Minhas rotas de vendas foram estruturadas com inteligência?
- Existe alguma inteligência de *cross selling* de produtos para os clientes atuais?
- Adotamos algum modelo de vendas remoto?
- É possível liberar mais tempo para o vendedor estar com os clientes?
- Estou preparado para uma negociação? Conheço os perfis dos gestores envolvidos no meu cliente?
- Conheço as etapas da negociação? Que resultados e impactos devo criar em cada uma delas?
- Minha área comercial monitora um funil de vendas? Nosso processo é eficiente?
- Trabalhamos com vendas simples ou complexas?
- Sei quais são as necessidades dos meus clientes? Ofereço benefícios?

Capítulo 4
Tecnologia de produtos

Se existe uma carteira de clientes, a empresa agrega algum valor ao mercado. Ela faz isso quando entrega uma tecnologia de produto para a qual o público atribui valor e está disposto a pagar por ela. Assim, a tecnologia de produtos é fundamental para sustentar a carteira de clientes.

Após compreendermos como uma carteira pode ser monitorada e ampliada, focamos no segundo pilar da Excelência Comercial, a tecnologia de produtos. E não estamos tratando de crescer a área de P&D[6] para a criação de novos itens.

A área comercial é o setor vital de captação de receita para a empresa. Dessa forma, a fim de impactar positivamente o faturamento organizacional, as decisões de vendas sempre trabalham com as variáveis *mix*, volume e preço. Veremos como elas impactam diretamente na geração de receita.

Neste tópico, abordamos a composição do portfólio de produtos. É necessário conhecer o papel estratégico de cada item. Se algum deles não tem seu valor percebido, deve ser retirado do mercado.

Assim, é importante refletir: *qual mix posso ofertar para atingir meus objetivos?* Isso não obriga necessariamente a uma diversificação, pois a empresa pode querer se restringir a algum mercado. O mais importante é ter um *mix* associado à estratégia do negócio.

Após a categorização dos produtos, a próxima etapa diz respeito à precificação dos itens, a qual deve ser realizada de forma a atingir o máximo de retorno. Deve-se responder a perguntas do tipo: *como a gestão do mix impacta no volume e no preço? Que tipos de produtos tenho no portfólio?* E também sobre o posicionamento do negócio: *quero oferecer o melhor custo-benefício ao cliente ou quero me posicionar com diferenciação?* Em outras palavras: *vendo preço ou valor?*

Na primeira opção, ela deve conseguir trabalhar em escala, para que, quanto menor o preço ofertado ao consumidor, maior seja o benefício que ele vê. Na segunda opção, a organização reflete: *quais serviços ou itens de qualidade no produto consigo alterar para me diferenciar no mercado, elevar o preço e o consumidor continuar comprando de mim?*

Uma vez que a empresa responde a essas perguntas, não adianta apenas lançar o produto no mercado. É preciso que o cliente do meu cliente perceba o valor oferecido e acessar o item, pois quase sempre há um ponto de venda intermediando a indústria e o consumidor.

O *trade marketing* trata exatamente disso: *meu consumidor final está levando o produto? Como o item chega até ele?*

O tópico aborda as ações específicas para que o produto chegue da melhor forma para quem vai se beneficiar dele: que esteja na loja no tempo certo, apresentado da forma ideal e com o preço adequado. Para o processo correr bem, existem rotinas, padrões, indicadores e regras de monitoramento que a equipe comercial deve seguir fielmente.

É por isso que o tópico *O cliente do meu cliente* (que aborda o conceito de *trade marketing*) está situado aqui. Não se trata de uma técnica que busca aumentar a base de clientes pensando na equipe de vendedores (força comercial). O *trade marketing* pensa em como trabalhar os produtos com os clientes para alavancar o volume de vendas. O foco está no produto e não no cliente. Essa é a razão do tema aparecer aqui e não no pilar anterior, carteira de clientes.

4.1 - A influência do *mix* na geração de receita

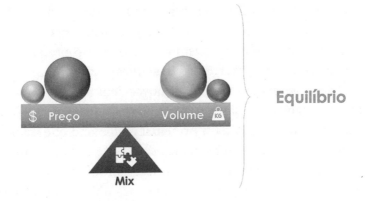

4.1: Variáveis da Receita.

O maior preço no maior volume e no melhor mix. Essa é a configuração que todo gestor comercial deseja. Quanto mais excelente a organização for comercialmente, mais próxima dessa realidade ela estará e ainda com maior margem para as demais atividades, sejam de investimento, expansão, novos produtos ou desenvolvimento de pessoas. Tudo dependerá do quão eficiente ela for em termos comerciais.

Mix

Mix é a tecnologia de produtos que a empresa oferece ao mercado para atender clientes e/ou dominar fatias do segmento. É a cesta de produtos e/ou serviços de uma organização. Nela, há uma composição de itens que trazem maior ou menor valor para cada cliente e, também, maior ou menor margem para a empresa.

Os produtos podem ter diferentes funções no portfólio. Itens com alta adesão do mercado e muita margem são considerados produto estrela. Os que possuem alta margem, mas têm pouco *share*, exigem ações específicas de incentivo de compra. Falamos melhor sobre isso no tópico Matriz BCG (pág. 91).

Geralmente, a equipe comercial vende o que é mais fácil, ou seja, não oferece todos os produtos por imaginar que já sabe o que o cliente vai pedir: o mesmo de sempre. Esse cenário é consequência, muitas vezes, da falta de uma postura mais ativa e assertiva do vendedor para incluir novos itens na negociação, tornando-a mais interessante para ambos os lados.

Ao abordar este tópico, a principal mensagem que transmitimos é exatamente a importância da equipe comercial melhorar resultados a partir do *mix*. Ou seja, sair da situação confortável na qual o cliente sempre pede mais do mesmo para a situação ótima na qual o vendedor compõe o melhor o *mix* para o comprador, fazendo com que passe a efetivar sua melhor configuração de compra possível.

Isso é possível com uma breve pesquisa no histórico do cliente. O vendedor perceberá que, em alguns momentos, ele comprou mais do que está comprando hoje. Então, seu primeiro objetivo é fazer com que esse cliente desempenhe melhor de acordo com o seu próprio perfil de compra. O vendedor deve extrair o máximo desse relacionamento até o momento.

Outra ação é comparar esse cliente com outros do mesmo segmento de acordo com a lógica de que clientes do mesmo perfil fazem compras semelhantes. Com os dados em mãos, o desafio é fazer com que aquele cliente compre o melhor *mix* do segmento. Por fim, o vendedor deve formatar o que seria a composição de uma cesta ótima e buscar sempre o caminho para que ela seja praticada.

Considerar o mix de produtos na hora da venda é muito importante, pois, ao se afastar da situação ótima, as empresas perdem margem (BOX *Cashmargin*, pág. 84).

É importante ressaltar a relação do preço com o portfólio de produtos, pois, ao determinar preços, a empresa também está definindo o posicionamento do seu *mix* no mercado: se um produto é de combate ou mais competitivo, se é notável ou mais diferenciado com agregação de valor. Dessa forma, o *mix* não interfere apenas na margem, mas também na percepção de mercado sobre aquela tecnologia.

CASO REAL

A respeito da variável *mix* de produtos, lembramos de um caso real do governo brasileiro quando, em 2012, como uma estratégia para manter a economia aquecida, reduziu o IPI[7] dos automóveis e as concessionárias ampliaram suas vendas. Famílias adquiriram o primeiro carro e outras trocaram de veículo.

Com o passar do tempo, o incentivo foi sendo reduzido e as vendas diminuíram. Os números de uma determinada concessionária caíram de 300 para 70 carros por mês. Mas, mesmo depois disso, as lojas do nosso cliente mantiveram o mesmo lucro líquido. Por quê?

Porque elas agregaram à venda do veículo outros produtos que o consumidor não pesquisa preço. Na negociação, elas ofereciam aos clientes banco de couro, sensor de estacionamento, película protetora, revisão, etc. Itens cujos preços continham margens de contribuição muito altas. Além disso, reforçou-se a estratégia de prestação de serviços por meio das manutenções preventivas programadas, acrescentando outras demandas à concessionária.

Dessa forma, reforçamos que **a finalidade da excelência comercial é gerar a maior margem bruta absoluta.**

Volume

É uma medida de quantidade. Pode ser adotada para ven-

7- Imposto sobre Produtos Industrializados.

das de produtos ou de serviços prestados. Em geral, é medida de acordo com a forma de comercialização do segmento, como, por exemplo, quilos, caixas, litros e unidades.

Apesar de o volume de vendas indicar o porte de uma empresa, o aumento desse volume não pode ser o único objetivo da área comercial.

Qual vendedor não gostaria de gerar mais volume? Praticamente todos! Porém, nem todo aumento de volume é benéfico para a empresa e as áreas comerciais podem não perceber isso em meio a negociações para o cumprimento de metas.

Quando falamos em aumentar o volume, esse objetivo geralmente envolve uma negociação com o cliente com a oferta de alguma condição comercial melhor. Esta, por sua vez, refere-se à redução de preço por meio de bonificações, descontos e investimentos de venda.

Mesmo quando o cliente não solicita, o vendedor negocia dessa forma acreditando ser uma tática de incentivo para a compra. O perigo é que essa prática pode funcionar como uma sabotagem!

Cashmargin
(Margem do caixa)

Esse é um termo comumente utilizado no dia a dia da gestão empresarial. Seria o equivalente à "margem do dinheiro".

Quanto de dinheiro absoluto aquelas negociações estão deixando?

Cashmargin é a "margem bruta" sendo descontados os custos diretos (mercadoria e comissões). Ela serve para que o gestor sempre acompanhe o montante de dinheiro final que a área comercial entrega.

A tabela abaixo apresenta a diferença de *cashmargin* entre uma venda que ofereceu maior volume, menor preço e obteve até maior faturamento. Perceba que o valor absoluto deixado na empresa foi inferior à primeira venda.

Unid.	Preço	Faturamento	CPV*	CPV Tota	Comissão	Comissão Total	Cash margin
(A)	(B)	(C)	(D)	(A) x (D) = (F)	(E)	(A) x (E) = (G)	(C) – (F) – (G)
100	R$10	R$1.000,00	R$7,00	R$700,00	R$0,50	R$50,00	R$250,00
110	R$9,50	R$1.045,00	R$7,00	R$770,00	R$0,50	R$55,00	R$220,00

*CPV: Custo do Produto Vendido (unitário).

Conclusão: 5% de desconto no preço, trouxe 10% de aumento de volume e, ainda assim, a empresa apresentou um *cash margin* final 12% inferior, caindo de R$250,00 para R$220,00.

Imagine essa prática sendo realizada diariamente em várias operações. É comum a equipe de vendas aceitar perder margem em função do volume. Mas até que ponto isso é estratégico para a empresa?

Toda área comercial deve saber até que ponto o volume é estratégico. E, da mesma forma, a partir de qual limite a estratégia passa a ser o *cash margin*.

Por isso é tão relevante a compreensão do conceito de *cash margin* (figura acima): não adianta vender um item a mais, se a redução de preço ou de margem oferecida deixar menos dinheiro absoluto para a empresa. Normalmente, as equipes comerciais não praticam esse raciocínio no momento da venda.

Todas as decisões do vendedor impactam diretamente na margem que a operação está gerando.

A reflexão a ser feita é se 1% de desconto a mais justifica o volume que está sendo aumentado na negociação. Vale lembrar que, em alguns momentos, há, de fato, a redução do nível de consumo do mercado de uma forma geral. *Nesse caso, é melhor ganhar volume ou posicionar preço?* Esses questionamentos estratégicos devem estar bem trabalhados no processo decisório de uma área comercial excelente.

Assim, a verdadeira pergunta que deve estar na mente dos vendedores é: *como posso gerar mais margem "absoluta" do que a que estou tendo na negociação inicial?*

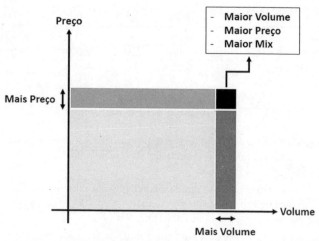

4.2: Relação entre mix, volume e preço

Precisamos entender que nem toda redução de preço impacta em aumento de volume. Isso porque existe uma elasticidade do mercado em função da sua própria demanda.

Tomemos como exemplo o produto creme dental. *Se ele estiver custando R$3,00, ao invés de R$6,00, o cliente vai comprar duas vezes mais creme dental?* É o tipo de produto que não é consumido mais ou menos em função do preço.

Nesse caso, a estratégia precisa estar mais relacionada a posicionamento de preço perante a concorrência. Por outro lado, podemos lembrar do produto carne, o qual sofre impacto imediato de demanda por conta do valor negociado no mercado. Quanto menor for o preço da proteína, maior será o seu consumo.

Todo produto apresenta um grau de elasticidade que varia segundo as características de cada mercado e deve ser levado em consideração para a formulação do preço.

Preço

Definimos preço como o quantitativo do valor de um bem ou serviço. É o que o cliente paga pelo item. Valor é o que ele leva para casa. O preço deve ser suficiente para cobrir os custos diretos da mercadoria ou do serviço, as despesas variáveis e ainda sobrar uma margem de lucro.

> **Preço x Valor: a sutil diferença para fechar uma venda**
>
> Muitas pessoas tratam preço e valor como termos sinônimos, mas não são.
>
> Alguns acreditam que valor é o quanto estão dispostos a desembolsar para adquirir determinado bem ou serviço. Na verdade, esse conceito envolvendo dinheiro está relacionado a preço. O valor só existe pelo ponto de vista do cliente, ou seja, quando este percebe benefícios naquela oferta. Em outras palavras, o valor não é próprio do produto, mas é dado a ele pelo comprador. É subjetivo.
>
> O preço é o valor monetário que alguém está disposto a pagar por um produto ou serviço. Qualquer diferença de preço que se consiga vender acima desse mínimo significa que a empresa está agregando mais valor do que o mercado enxerga.
>
> Por isso, é tão importante que o vendedor tenha a habilidade de identificar e apresentar as características do produto que são percebidas como valor pelo cliente, evitando que o preço seja um empecilho da negociação. Ouvir o consumidor e compreender as suas necessidades são práticas essenciais para um processo de venda excelente.

Nesse sentido, é importante diferenciar os conceitos de precificação de dentro para fora e de fora para dentro.

Em geral, existe nas empresas uma cultura de precificar de dentro para fora. Ou seja, calcula-se os custos do produto, idealiza-se uma margem que é sobreposta ao valor dos custos e define-se o preço.

Esse modelo funcionou por muito tempo para garantir a margem mínima esperada pelo negócio, independentemente do nível de gestão da empresa. Todavia, ele não é mais suficiente, pois o consumidor tem acesso a muito mais informações. **O preço não é mais determinado pela empresa e sim pelo cliente.**

Na precificação de fora para dentro, o movimento é inverso. Primeiramente, pergunta-se quanto vale aquele produto ou serviço no mercado. Em geral, quem orienta a precificação do mercado é o *player* [8] que detém o maior *share*[9] de mercado.

Por exemplo, um consumidor está disposto a pagar R$3.000,00 em um aparelho de telefone celular. A pergunta a ser feita internamente na empresa é: *conseguimos produzir um celular por menos de R$3.000,00?* Quanto menor o custo para produzir o celular, mais margem a organização terá para gerar resultados.

Precificação de Dentro para Fora e de Fora para Dentro

PRODUTO A	PRODUTO B
Custo unitário: R$ 2,00	Custo unitário: R$ 2,00
Preço da marca líder: R$ 6,00	Preço da marca líder: R$ 10,00

Vamos supor que uma empresa adote a política de precificação sobre seus custos unitários. Ela entende que aplicar 100% sobre o valor dos custos cubra todas as suas despesas e ainda faça sobrar o necessário para o lucro final.

Preço de Dentro p/ Fora: R$ 4,00   **Preço de Dentro p/ Fora: R$ 4,00**

Agora, imagine uma outra empresa que, independentemente dos seus custos, tenha como estratégia estar sempre 40% abaixo do preço da marca líder (aquela que assume o papel de referência na mente do consumidor. Ex.: Apple, Omo, Bombril, Veja, Coca Cola, MC Donalds, Brahma, etc).

Preço de Fora p/ Dentro: R$ 3,60   **Preço de Fora p/ Dentro: R$ 6,00**

É possível concluir que, uma empresa que precifica apenas de dentro para fora, sem considerar o preço praticado pela concorrência, pode perder oportunidades ou mesmo ficar fora do mercado.

Em relação ao Produto A, a empresa define um preço que, para o consumidor, pode ter um custo-benefício que não recompense, porque o

---

8- Expressão que designa um negócio com participação relevante no mercado.
9- Participação no mercado.

preço está muito próximo do da marca líder. O produto perde vendas por não estar competitivo.

No caso do Produto B, se precificado somente com base no custo, o preço final seria de R$ 4,00. Sendo que, na precificação de fora para dentro, o preço poderia ser estabelecido em até R$ 6,00 que, ainda assim, estaria 40% abaixo da marca líder, ou seja, seria competitivo.

A margem de preço deve ser pensada sempre em função do mercado e não do custo.

Quanto maior for a diferença entre o preço de mercado e o custo interno, maior será a vantagem competitiva da organização em relação aos concorrentes. Caberá ao time comercial trabalhar as ferramentas sob seu alcance para vender ao melhor preço possível perante os concorrentes.

Na mesma companhia, é comum haver produtos com margens distintas e estratégias de posicionamento diferentes.

Imagine ainda uma outra situação na qual o principal player do mercado vende a um preço final menor do que o seu custo de produção. *O que fazer nesse caso?*

PRODUTO C

Custo unitário: R$ 2,00	Preço da marca líder: R$ 1,90

Nesse caso, você pode agir principalmente de 2 formas: a primeira e mais simples é descontinuar a venda do produto, pois a empresa só deve comercializar itens com margem unitária positiva.

A segunda opção é buscar insumos e alternativas de produção que tornem o custo unitário competitivo a ponto de entrar no mercado. Ou seja, a discussão deixa de ser o quanto de margem será acrescentada sobre um custo interno, mas quanto de custo interno consegue-se reduzir para entregar um determinado produto que no mercado paga-se X pela qualidade Y.

Se o custo final do produto permanecer superior ao preço do principal concorrente, a empresa deveria repensar sua permanência no mercado.

Um terceiro caminho seria o da diferenciação. Nele, você passa a criar valor para o seu produto a ponto de o mercado entender que ele vale mais do que a marca líder.

A única regra é nunca comercializar um produto com margem bruta unitária negativa. Acredite, pode parecer loucura, mas grande parte das empresas adota um custo unitário padrão para diferentes itens ou ainda não apura o custo por produto!

4.2 Avaliação do portfólio

Produto é o resultado de um processo da organização por meio do qual ela gera o item e o entrega para o mercado. O público atribui valor a isso, ou seja, está disposto a pagar pelo item. Um produto pode ser tangível ou intangível.

Os produtos (ou serviços) podem ser compreendidos de acordo com o seu impacto no mercado. De modo geral, existem 4 categorias de produtos. São elas:

> **Produtos *Commodities*:** possuem pouca ou nenhuma diferenciação de qualidade, atributos e usabilidade em relação aos concorrentes. Geralmente, os clientes já possuem sua imagem de preço de forma clara. Têm alto giro, os custos devem ser sempre minimizados e eles precisam ser pesquisados.
> *Exemplos*: arroz, café, açúcar, minério, celulose, aço, etc. Sua precificação é por competitividade.
>
> **Produtos Notáveis:** esses produtos têm diferencial de qualidade (valor) percebido pelo consumidor. Têm giro médio ou alto e podem ter alta rentabilidade.
> *Exemplo*: azeite. A precificação por valor é a mais adequada para essa categoria de produto.
>
> **Produtos Correlatos:** estão ligados a outros produtos. Geralmente, compõem uma cesta de produtos, mas não são indispensáveis. Têm baixo giro e pouca percepção de valor pelo cliente. É um produto que pode ser precificado acima da média de mercado.
> *Exemplos*: filtro de café, molho para massas.
>
> **Produtos Críticos:** apresentam baixa representatividade de venda e baixa margem na categoria. São pouco reconhecidos pelo consumidor e podem estar mal posicionados no mercado. É importante avaliar a necessidade desse produto no *mix* da empresa.
> *Exemplo*: cigarro. Sua precificação pode se dar por competitividade e por valor.

Matriz BCG

Ao tratarmos de tecnologia de produto, é fundamental abordarmos a composição do portfólio.

Várias empresas do mesmo segmento podem compor sua cesta de produtos de forma diferente, porque elas têm estratégias de mercado distintas. Existem várias técnicas para estruturar um portfólio. A mais básica e universal delas é a matriz BCG.

Criada em 1970 pela empresa de consultoria empresarial *Boston Consulting Group*, seu objetivo é organizar o portfólio de acordo com o papel de cada produto no mercado e com o resultado que eles trazem para a empresa.O diagnóstico é aplicado para melhor alocação de recursos em ações de gestão de marcas e produtos e planejamento estratégico.

Com 4 principais parâmetros de classificação, a matriz BCG é uma das formas mais utilizadas para representar o posicionamento de produtos em relação a variáveis externas e internas:

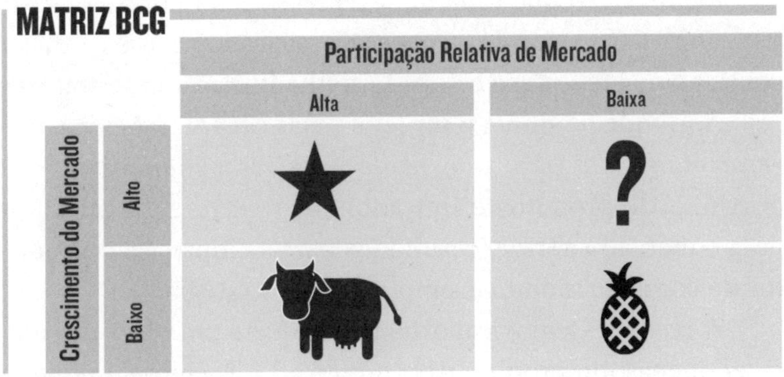

Figura 4.3: Matriz BCG

Produto Estrela: tem sucesso no mercado, mas necessita de investimento. Ou seja, seu retorno ainda é baixo.É importante ter alguns produtos estrela, porque são os que, às vezes, possuem um valor agregado maior. Podem ser compras esporádicas, mas que trazem uma margem e compõem a cesta.

Produto Vaca Leiteira: é aquele que todo empresa gostaria de ter e que ela deve manter. É o carro-chefe da organização. Normalmente, é o que tem maior participação no mercado e que garante o resultado da empresa. O produto vaca leiteira é o que gera o resultado para o negócio.

Produto Ponto de Interrogação: são aqueles novos itens que a empresa lança para tentar criar uma nova cesta por meio de produtos que tragam valor para a sua marca ou que gerem uma demanda inexistente até então. São importantes porque é através deles que a organização pode se deparar com um *"oceano azul*[10]*"*, ou seja, mercados ainda não explorados.

Produto Abacaxi: são os que vendem pouco e trazem pouca margem. Merecem ser repensados: *por que continuar com esse produto? Ele traz outro tipo de retorno?*

    Identificar o que cada item representa no portfólio ajuda a organização a atuar de forma mais inteligente e a se certificar constantemente se a sua cesta está alinhada com a sua estratégia.

    A grande pergunta a ser feita pelas organizações é: *como gerar mais valor para o mercado para gerar mais vendas?* O portfólio de produtos é um equilíbrio entre entregar valor para o mercado e trazer resultados para a empresa. Os produtos de combate são um exemplo dessa estratégia.

    A cesta de itens é importante, porque é um risco alto oferecer apenas um produto para o mercado. A empresa pode se tornar vulnerável caso um produto concorrente seja lançado ou mesmo aquele seu único item se torne obsoleto. Há uma

---

10- A estratégia de mercado conhecida como "oceano azul" afirma que a melhor forma de superar a concorrência é buscar mercados inexplorados. O conceito trabalha a curva de valor e tem foco na inovação.

chance muito alta de o negócio se tornar insustentável.

Assim, a matriz BCG é um ponto de partida para classificar produtos. A empresa pode qualificá-los de acordo com a sua estratégia. A matriz é, portanto, relevante, pois facilita a compreensão da organização sobre o resultado gerado por cada produto e sobre a sua penetração no mercado.

4.3 Você vende preço ou valor?

A definição de preços é ponto chave do pilar tecnologia de produtos. Precificar significa atribuir um preço de venda de um produto ou serviço ao consumidor. Não se vende pelo preço, vende-se o preço. Para formar um preço, existem duas vertentes essenciais: o modelo de precificação e a categoria do produto ou serviço.

Modelos de precificação

Existem 3 modelos de precificação: por custo, por competitividade e por valor.

> **Precificação por custo do produto:** é a forma mais tradicional e leva em consideração apenas a margem final que se deseja obter após ter atribuído o custo final. Era o padrão do século passado. As empresas precificavam olhando para dentro. Determinavam sua margem sem critérios mercadológicos objetivos.
>
> Hoje, isso está perdendo o sentido, porque os consumidores têm mais acesso à informação e conhecimento de mercado. É possível consultar o preço de qualquer produto em diferentes partes do mundo sem sair de casa. Então, não há muito como fugir do que é praticado pelo mercado.

Precificação por competitividade: o foco de atenção é na concorrência e a empresa estuda qual preço final é aceitável para aquele mercado.

Com a facilidade do acesso à informação, o consumidor possui mais parâmetros de mercado do que antes, quando tinha que conferir preços *in loco*. Assim, do ponto de vista de preço, não interessa mais ao consumidor saber quanto custou o seu produto. A ele interessa saber quanto o item custa no mercado, que é a sua principal referência, fortemente construída pelas marcas líderes.

Precificação por valor: é a percepção do cliente que conta para a determinação do valor final de um produto ou serviço. Procura-se saber o quanto aquele cliente está disposto a pagar por aquele bem.

O produto é, então, precificado de acordo com essa expectativa de valor, sobre o quanto a empresa está agregando para o consumidor. Para identificar se o valor gerado está sendo reconhecido, a organização testa a elasticidade da demanda. É um tipo de precificação que exige entendimento de mercado, com setores de pesquisa e estratégia estruturados.

Vale mencionar a importância da utilização da tecnologia *big data* para precificar de acordo com o comportamento do consumidor, os padrões e as tendências do mercado. Um exemplo são os aplicativos de compra personalizada que as redes de varejo ofertam aos clientes cadastrados, disponibilizando preços diferenciados a eles.

O erro mais comum no mercado é que as empresas costumam adotar o mesmo modelo de precificação para todos os produtos. Se os produtos do portfólio apresentarem estratégias e patamares de margem distintos, o potencial do resultado passa a ser infinitamente maior.

Elasticidade-preço da demanda

Aprofundamos aqui o conceito da elasticidade da demanda em função do preço. Ele mede o quanto a demanda é influenciável pelo fator preço.

Um bem possui demanda elástica, quando a quantidade requerida responde significativamente a variações no preço e possui demanda inelástica, quando a quantidade requerida responde pouco ou não se altera diante de variações no preço.

Para facilitar a compreensão, representamos graficamente algumas situações:

ELASTICIDADE-PREÇO DA DEMANDA (E_{PD}):DEMANDA PERFEITAMENTE ELÁSTICA ($|E_{PD}|$ TENDE AO INFINITO)

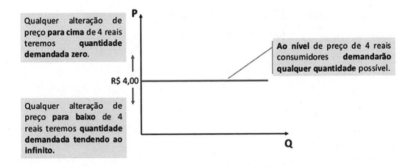

ELASTICIDADE-PREÇO DA DEMANDA (E_{PD}):DEMANDA ELÁSTICA ($|E_{PD}|>1$)

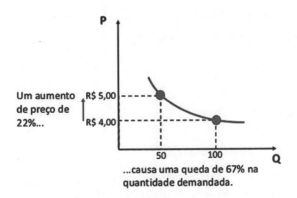

Elasticidade-Preço da Demanda (E_{PD}): Demanda de Elasticidade Unitária ($|E_{PD}|=1$)

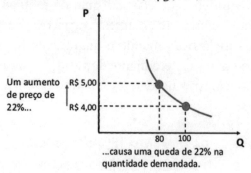

Elasticidade-Preço da Demanda (E_{PD}): Demanda Inelasticidade ($|E_{PD}|<1$)

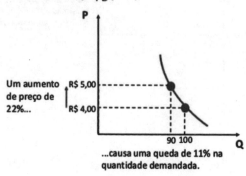

Elasticidade-Preço da Demanda (E_{PD}): Demanda Perfeitamente Inelástica ($|E_{PD}|=0$)

O que influencia o grau de elasticidade de um bem são as preferências do consumidor, estabelecidas por fatores econômicos, sociais e psicológicos que constroem os desejos individuais. Tais preferências são relacionadas, por exemplo, ao grau de essencialidade do produto ou serviço, bens substitutos próximos, horizonte temporal e sazonalidade.

Há uma fórmula para calcular o grau de elasticidade-preço da demanda:

$$\text{Elasticidade - Preço da demanda} = \frac{\text{Variação percentual da quantidade demandada}}{\text{Vriação percentual do preço}}$$

Por exemplo, o preço do leite diminuiu 10%, provocando uma elevação de 40% na demanda pelo produto. Calculamos o coeficiente de elasticidade-preço assim:

$$\text{Elasticidade preço da demanda (E)} = \frac{40\%}{10\%} = 4$$

E > 1: demanda elástica;

E < 1: demanda inelástica;

E = 1: demanda com elasticidade unitária. O percentual de alteração no preço acarreta na mesma variação da quantidade.

A elasticidade-preço da demanda e o consumo dos clientes são resumidos da seguinte forma:

Elasticiadade - preço e gasto do consumidor

Demanda	Consumo com o aumento dos preços	Consumo com a queda dos preços
Inelástica	Maior	Menor
Unitátia	Constante	Constante
Elástica	Menor	Maior

Assim, quanto maior a elasticidade da demanda, maior impacto na quantidade demandada ocorrerá para uma determinada variação no preço.

Importante perceber que, se a demanda muda muito com o preço, é sinal de que há pouca diferenciação nos outros quesitos (produto, relacionamento/foco e rede). Quando os clientes são menos sensíveis ao preço, isso indica que a organização alcançou outra forma de diferenciação que não seja o melhor preço.

É necessária atenção para não elevar substancialmente o preço e correr o risco de os clientes abrirem mão da diferenciação em função da grande diferença de preços de concorrentes menos qualificados.

Vale mencionar a situação privilegiada em que se encontram os novos líderes de mercado. O fator preço perde relevância no processo decisório do consumidor. Além disso, seus preços são referência no mercado como um todo, o que acarreta em um reposicionamento global dos concorrentes. Mas, cuidado! Há um limite para o valor da marca por meio do qual ela não consegue mais justificar uma diferença elevada de preço frente à concorrência.

Dessa forma, em tese, o volume das vendas é inversamente proporcional ao preço. Mas nem sempre quando o preço sobe o volume desce. Existem 9 possíveis resultados diferentes envolvendo as variáveis preço e volume. Abaixo, uma tabela com as todas as situações:

SITUAÇÃO	PREÇO	VOLUME
1	SOBE	CAI
2	SOBE	SOBE
3	SOBE	IGUAL
4	IGUAL	CAI
5	IGUAL	IGUAL
6	IGUAL	SOBE

7	CAI	CAI
8	CAI	IGUAL
9	CAI	SOBE

Conhecer essas possibilidades é importante para a área comercial, porque a embasa estatisticamente sobre o comportamento do mercado diante das variações. Outra prática pertinente é estudar o passado da própria empresa: *quando mexi no preço pela última vez, que tipo de relação aconteceu?* Ou mesmo fazer pilotos para ações futuras. Ao invés de subir o preço em toda a região, alterá-lo somente em uma parte dela para conhecer que tipo de reação o público consumidor terá e, a partir daí, replicar. São análises fundamentais para compreender como funciona o mercado em que se está presente.

Uma boa notícia é que as empresas não precisam realizar grandes investimentos para obter esse tipo de inteligência. O histórico de vendas, por si só, já é um rico ponto de partida. Associado às demais informações coletadas pela equipe de vendas, é possível extrair a máxima margem do mercado por produto.

As tecnologias de *big data* e ciência de dados têm ganhado estrutura e importância nessa função e estão revolucionando o mercado de inteligência comercial.

Além dos vendedores, haveria outra função comercial fundamental nesse processo?

Sim! Os promotores do *trade marketing*!

4.4 cliente do meu cliente

Você sabia que...

70% das decisões de compra são realizadas no ponto de venda?

Nos supermercados, o consumidor gasta,

em média, 15 segundos em frente à gôndola e que menos de 40% dos produtos prendem sua atenção[11] ?

O *trade marketing* busca a maximização do *share* no ponto de venda, promovendo uma **ponte tática entre o marketing e a venda ao consumidor final.**

Figura 4.4: O Trade marketing

Os promotores são os operadores responsáveis pela execução das estratégias do *trade marketing*. Eles devem garantir que o produto chegue ao cliente final dentro de padrões e indicadores preestabelecidos.

Tudo o que se refere à **promoção** do produto no ponto de venda diz respeito ao *trade marketing*. É essa área comercial que alinha as estratégias de marketing para os canais de distribuição, compreendendo as necessidades dos clientes e identificando oportunidades para alavancar o crescimento da empresa e a sua lucratividade.

Por conta da sua atenção estar voltada para o último ponto da cadeia de valor, seja este o próprio varejo (indústria tendo o distribuidor como intermediário) ou o consumidor final (indústria tendo o varejo como intermediário), o *trade marketing* é a ponte que liga o produto final ao cliente do meu cliente.

Canais de Venda

Canais de venda são os meios pelos quais produtos e serviços se apresentam aos consumidores, ou seja, é por meio deles que os clientes têm contato com o negócio. Além de serem um mostruário para quem já tem intenção de compra, são também uma forma de publicidade para as pessoas conhecerem os produtos e tornarem-se clientes.

Cada empresa possui particularidades e necessidades específicas e isso deve ser levado em consideração ao escolher o melhor canal de vendas ou a estratégia multicanal. Essa decisão tem forte influência no sucesso da venda, uma vez que o canal é o meio pelo qual o cliente se relaciona com o negócio.

Canais de venda *offline*

Ponto de venda

Também conhecidos como PDVs, são os canais físicos mais conhecidos e difundidos. Incluem as lojas próprias, franquias e distribuidores.

A loja própria é o canal de venda comumente utilizado no varejo e entre os profissionais liberais. Demanda grandes investimentos, manutenção e, quando bem planejada, traz resultados bons a médio e longo prazo. Para alcançá-los, é necessária atenção à localização da loja, à organização e ao design do ambiente e à disposição dos produtos.

Clínicas de saúde, supermercados e lojas de roupas são exemplos de lojas próprias.

As franquias são extensões de um negócio, o qual dá permissão para que um franqueado abra uma unidade utilizando a marca e os produtos ou serviços ofertados por ele. O franqueador cede os direitos e fornece o conhecimento tecnológico e de mercado da empresa em troca de uma taxa inicial e *royalties*[12] sobre o faturamento do franqueado.

12- Quantia paga pelo direito de uso, exploração e comercialização de marcas ou produtos.

Distribuidores são os que intermediam produto e consumidor, cobrindo uma grande área do comércio. Eles vendem e revendem produtos de terceiros, sempre mantendo estoque disponível. Um exemplo são as concessionárias de veículos. Se bem acordada com o distribuidor, é uma opção interessante para um empreendimento que deseja ampliar suas vendas.

Venda direta

É um modelo comercial no qual há um contato pessoal direto entre a pessoa que vende os produtos/serviços e o consumidor, sem ligação com estabelecimento comercial fixo. Permite flexibilidade e pode dar bons resultados, dependendo do esforço do revendedor.

Telemarketing

É um canal de vendas baseado em ligações telefônicas. As empresas o utilizam para entrar em contato com potenciais clientes e comercializar produtos e serviços. O objetivo pode ser vender ou mesmo manter relacionamento com clientes.

A vantagem é que esse canal é uma forma de contato direto e personalizado com *leads*[13] . Para ter um telemarketing de sucesso, é preciso que a estratégia seja bem definida e que a equipe comercial entenda muito bem do negócio e do público-alvo.

Canais de venda *online*

Marketplace

São plataformas virtuais que permitem o cadastro de vários anunciantes e a comercialização de seus produtos

---

[13]- Sob o ponto de vista da empresa, são os potenciais clientes que, em algum momento, demonstraram interesse e real capacidade de adquirir um de seus produtos ou serviços.

e serviços por meio delas. Normalmente, as empresas que são ou têm um site de *marketplace* cobram dos anunciantes uma comissão, que varia de acordo com o quanto a empresa cadastrada deseja que seus produtos sejam vistos.

E-commerce

O comércio eletrônico é uma loja *online* que vende produtos de uma única empresa. São canais de venda com grande potencial de crescimento e refletem o sucesso de muitos empreendimentos. Permitem liberdade com personalização do site, forma de pagamento, exibição de produtos e manutenção da divulgação.

Depreende esforços para gerenciar e escalar o negócio. Mas, se os investimentos forem feitos corretamente e se a empresa tiver um bom planejamento, esse objetivo se torna possível e benéfico.

Programas de Afiliados

Afiliados são as pessoas que promovem produtos e serviços de terceiros, em seus sites, blogs e redes sociais, em troca de comissões. Esse modelo é o mais indicado para quem tem um produto digital e deseja vender mais, sem necessariamente entender sobre divulgação. Possui baixo investimento.

Google *Adwords*

É um canal eficiente para quem anuncia seguindo as recomendações necessárias. Também pode ser utilizado para gerar tráfego para seu site e tornar a marca conhecida.

Google *Shopping*

Exibe produtos que estão à venda no mercado *online* e estão disponíveis como anúncios no *Adwords*, seguidos do nome do produto, preço e loja. Seus anúncios aparecem acima da busca orgânica e dos anúncios.

Para anunciar, é necessário que o negócio possua um *e-commerce* ou, caso não tenha, é preciso formatar as informações de seu produto e enviar para o Google. Mais do que texto, os usuários poderão ver a foto e o preço do produto em destaque nos resultados de busca.

Redes sociais

Para além de ambientes de relacionamento e entretenimento, elas também funcionam como ferramentas de negócios e vêm mostrando resultados significativos de sucesso em vendas. Facebook e Instagram são canais de vendas que possuem estratégias específicas para anunciantes.

Alguns questionamentos pertinentes ao tópico de *trade marketing* são: *quem são os consumidores, seus comportamentos e hábitos? Quais canais de venda utilizam? O que influencia na decisão de compra? Qual é a estratégia de preço? Existe diferenciação por canal? Quais são os dados de venda por produto, por região, por ponto de venda? Quais são os concorrentes e os seus diferenciais?*

É comum conhecermos empresas preocupadas em vender os produtos para os pontos de venda (*sell in*), mas às vezes elas não se preocupam em como essa venda chegará ao cliente final (*sell out*).

Sell in X Sell out

Estes termos são comumente utilizados quando se fala em *trade marketing*.

Sell in é a venda "para dentro"; do fabricante para um canal indireto. É a que a indústria ou fornecedor faz para o ponto de venda; ou seja, para o intermediário, seja ele o distribuidor, o *food service*...

Sell out é como o meu cliente está vendendo para o cliente dele. É a venda para o cliente do meu cliente. Para o consumidor final. O *trade marketing* está no ponto de venda.

Aqui, fazemos um alerta às empresas: não adianta apenas estocar ou fazer grandes vendas se o produto não girar no ponto de venda. Acompanhar de forma efetiva como esse produto chega ao cliente final (*sell out*) é tão relevante quanto executar a venda intermediária (*sell in*).

Os 4 aspectos do *trade marketing*

No *trade marketing*, existem 4 aspectos que impactam diretamente a percepção do cliente final com relação ao produto. São eles:

- Ruptura
- Exibição
- *Mix*
- Preço

Figura 4.5: Pilares de gestão do *Trade Marketing*

Ruptura: refere-se a um produto que não está no ponto de venda, ou melhor, que não está sendo exibido ao cliente. A ruptura pode ter duas causas: o produto não foi vendido para aquele ponto de venda ou está no estoque e não está na exibição para o cliente final, o que é mais crítico, pois o produto está lá, mas o cliente não tem acesso a ele.

Por exemplo, um *mix* de produtos que têm giros diferentes: o iogurte de morango acaba primeiro do que o iogurte de coco. É objetivo do *trade marketing* garantir que se ofereça ao cliente todos os itens do *mix* esperados para aquele ponto de venda, inclusive readequando o padrão de disposição dos produtos na gôndola.

Muitas empresas perdem vendas por não dedicarem a devida importância à ruptura.E essa venda perdida é irrecuperável. Se o cliente está no ponto de venda e não vê o produto, ele pode agir de duas formas: deixa de comprar aquele item ou compra no concorrente. Não se recupera, porque o cliente busca outras alternativas imediatas, modificando sua intenção de compra.

Pesquisas revelam que, em geral, apenas 25% da ruptura se transforma em perda para o ponto de venda. Entretanto, o impacto na redução para a indústria é integral, ou seja, é de 100%. A menor taxa para o varejo se explica porque, se o consumidor não achar aquele produto específico, ele compra o de outra marca, não necessariamente reduzindo o consumo global.

Exibição (planograma): *que produto quero que meu cliente final veja? Qual produto deve estar em maior exibição? Mais em cima ou mais embaixo? Qual está ao lado de qual? Posso colocar em qualquer ordem?*

O planejamento da exibição no ponto de venda é mais uma atividade do *trade marketing*. E ela não pode ser uma decisão subjetiva de cada promotor. Geralmente, as respostas variam de acordo com os pontos de venda, do tamanho ou do espaço para exibição.

O planograma é o planejamento da exibição. É executado

de acordo com a disponibilidade do espaço do ponto de venda. Normalmente, é produzido pelo marketing estratégico, ou seja, aquela mesma equipe que planejou os produtos que deveriam ser levados para determinadas regiões. É essa área que detém as informações necessárias de como os produtos devem estar exibidos no ponto de venda, tarefa do *trade marketing*.

Vale pontuar que o planograma pode sofrer ajustes de acordo com o perfil de compra dos clientes de determinado ponto de venda. Mas isso deve acontecer sempre de forma planejada e estruturada.

Mix: seguindo com o mesmo exemplo do iogurte, a empresa já sabe que um dos principais itens consumidos pelo cliente final é iogurte de morango. Não adianta possuir um espaço relevante de exibição no ponto de venda e pôr apenas iogurtes de pêssego ou coco. É papel do *trade marketing* praticar um *feedback* contínuo à indústria sobre os itens que giram mais, dos que giram menos e dos que o concorrente está colocando no ponto de venda.

O fornecedor, com suas próprias informações e indicadores de venda estabelecidos, já consegue inferir qual seria o *mix* ideal para trabalhar em determinado ponto de venda. Ainda assim, o *trade marketing* é capaz de transmitir uma informação qualitativa, porque é ele que está repondo *in loco*.

Dessa forma, é possível perceber qual produto final o cliente está levando mais e, além disso, capta-se o visual do que os concorrentes estão expondo naquele ponto de venda. Esses dados complementam as informações necessárias para a elaboração do *mix* ideal. O *trade marketing* não tem a tarefa de efetuar o pedido de *mix*, mas pode gerar dados para o vendedor fazê-lo.

Preço: este deve ser monitorado e ter garantida a sua padronização nos pontos de venda. Quando falamos de um fornecedor que trabalha com o varejo como intermediário entre ele e o consumidor final, geralmente é o ponto de venda que define o preço final do produto.

Mas quem fornece não pode ter produtos com grande diferença de preço final, porque esse quadro pode interferir no posicionamento, confundir o mercado e comprometer as vendas.

Assim, cabe também ao *trade marketing* estabelecer e monitorar os pontos de venda, de forma a garantir, de acordo com a política de *pricing* (pág. 93), uma faixa de preço plausível e esperada. Além disso, cabe ao promotor monitorar o concorrente que, se começar a adotar ações que alteram preços, passa a orientar a empresa para que altere ou reorganize sua estratégia em termos de posicionamento de preço.

A promoção do produto, que é a consequência dos 4 aspectos do *trade marketing*, existe em qualquer negócio quando falamos de varejo. Independentemente se é um ponto de venda ou uma rede que executa essa ação, o que influencia a compra é como o produto é apresentado no ponto de venda. Cabe ao fornecedor realizar esse monitoramento, mesmo quando não é o responsável pela exibição no ponto de venda.

Infelizmente, esse é um desafio para as empresas. São duas realidades constantes. Na primeira, a indústria deveria orientar e o ponto de venda executar, o que geralmente não acontece. Na segunda, a indústria até executa, mas há uma dificuldade de padronizar essa ação, pois foge de sua expertise. Ainda assim, a promoção deve acontecer em ambos os casos.

Independentemente se a atividade do *trade marketing* é própria, terceirizada ou se é o ponto de venda que a realiza, a preocupação em como promover o produto, considerando ruptura, mix, exibição e preço, deve ser constante. Caso contrário, o consumidor não o compra e quem sai perdendo é a área comercial, pois ela acaba imprimindo um ritmo menor de vendas.

Como praticar um trade marketing de excelência?

Por meio de rotinas, padrões e indicadores devidamente monitorados.

Já vimos que *trade marketing* é a promoção do produto no ponto de venda. O produto não pode faltar, deve estar exibido da maneira certa e no preço esperado. Tendo conhecido os 4 aspectos do *trade marketing*, agora vamos aprender a mensurá-los por meio de rotina, padrão e indicadores. Ou seja, como se estruturar para promover, com excelência, o produto no ponto de venda.

Uma rotina bem definida determina a frequência de visita e organização no ponto de venda. A periodicidade pode ser diária, semanal ou mesmo dedicação *full time* de um promotor no local. Varia de acordo com o produto e o porte do cliente. A pergunta a ser feita é: *com que frequência preciso atualizar o ponto de venda?*

Outro ponto de destaque é o padrão de execução. Normalmente, as empresas adotam um conceito chamado "fotografia de sucesso". O termo pode variar entre as companhias, mas a ideia é a mesma. Você deve ter uma imagem de como aquilo será executado, de como aquele produto será apresentado. Além disso, os promotores frequentemente devem tirar uma foto de como o produto realmente está sendo exibido para garantir que a imagem equivale à exibição padrão sugerida para a empresa. Com isso, compara-se a imagem do planograma e a capturada no ponto de venda real.

Os indicadores de monitoramento do trade marketing são:

- Ruptura, idealmente de SKUs em cada ponto de venda;
- *Mix* do que se tem planejado como ideal: *qual é o mix para aquele cliente?*
- Fotografia de sucesso: *qual é a adesão da minha exibição em função do meu planejamento, do padrão recomendado para a empresa?*

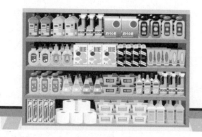

Figura 4.6: Exemplo de fotografia de sucesso

- Aderência à faixa de preço recomendada: *qual é a aderência em função do preço esperado?* Nesse indicador, vale lembrar que o preço da concorrência também deve ser monitorado.

A ilustração a seguir orienta como o monitoramento de rotinas, padrões e indicadores deve ocorrer na hierarquia da gestão comercial.

Figura 4.7: Rotina Trade Marketing

No capítulo seguinte, abordaremos o pilar carteira de clientes, incluindo ações para sua manutenção e ampliação.

CHECKLIST

Capítulo 4

- Sei qual é o ponto de equilíbrio de vendas do meu negócio?
- Entendo e aplico o conceito de *cash margin* ao negociar as condições de uma venda?
- Existe alguma política ou critério estratégico para a aplicação de descontos no preço?
- Aplico a diferença entre valor e preço no meu dia a dia?
- No meu negócio, os preços são definidos de dentro para fora ou de fora para dentro?
- Existe uma estratégia de preços em relação aos concorrentes?
- Conheço o *mix* do meu portfólio? Sei qual produto/serviço explorar em cada cliente?
- Sei qual é o papel de cada produto/serviço no portfólio?
- Preciso manter todos os itens? Qual a estratégia de venda para cada um deles?
- Aplico a mesma margem em todo o portfólio?
- Conheço a elasticidade-preço da demanda do meu produto/serviço?
- Meu negócio tem ou precisa de *trade marketing*?
- Promovo meu produto no ponto de venda com controle e eficiência?
- Exploro todos os canais de venda da melhor maneira?
- Meu produto está exposto da melhor maneira e com o preço adequado?

Capítulo 5
Força comercial

A força comercial é o pilar que faz o elo entre a carteira de clientes e a tecnologia de produtos.

Uma empresa pode ter os melhores clientes e produtos, mas o seu resultado vem da forma inteligente como ela se relaciona, utilizando a força comercial para entregar o melhor produto para o melhor cliente.

Dessa forma, é preciso criar uma cultura e uma identidade comerciais por meio da disciplina e do devido desempenho dos papéis de cada um nas reuniões. Como os vendedores geralmente estão na rua, a formação da cultura comercial se inicia com práticas regulares para tornar a equipe cada vez mais uniforme. É importante reunir todos periodicamente a fim de alinhar discursos, padronizar as boas práticas e reforçar as diretrizes do negócio.

A cultura comercial nasce a partir da criação de uma rotina para uma área que geralmente não tinha. Empresas podem ter as mesmas rotinas e, ao mesmo tempo, buscar metas mais ou menos agressivas. É por meio da cultura de vendas que se direciona as pessoas para o resultado.

Quando uma empresa estrutura sua força comercial, ela está "preparando o terreno" para que a área de vendas se consolide de forma alinhada com rotinas, rituais e metas bem definidos. **A cultura de vendas influencia diretamente o desempenho do negócio.**

Fatores críticos de sucesso

Quando discutimos método e Excelência Comercial, em última instância, estamos padronizando a área de vendas de maneira robusta e tornando-a apta à melhoria contínua.

Porém, a obtenção do progresso pressupõe a atuação nos 3 fatores críticos de sucesso representados no Triângulo da Excelência: *Conhecimento, Liderança e Método*.

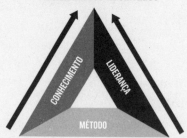

Os fatores críticos de sucesso compõem o Triângulo da Excelência

Conhecimento

Sem isso, a empresa não existe. Ela não tem demanda e não agrega valor para o mercado. É o conhecimento técnico que permite a ela entregar um produto ou serviço final aos consumidores.

Liderança

O conhecimento técnico por si só não é suficiente. Se o líder não traçar as ambições para o negócio e não direcionar os esforços deixando claro onde quer chegar, a melhoria não virá – por mais que se formem pessoas.

Os gestores precisam nortear o trabalho de gestão. Não é o cargo de diretor ou o de gerente que traz isso para o negócio, mas sim as qualidades do líder, que deve incentivar e ensinar as equipes para avançar em resultados.

Método

É o que este livro traz. Ele orienta a aplicar o conhecimento gerencial para a área comercial. A gestão agrega valor para que os resultados sejam alcançados. No campo da Excelência Comercial, devem ser feitas perguntas como: *essa gestão é eficiente? Está gerando o melhor resultado possível?*

A força comercial vai além da equipe de vendedores. Ela é toda a estrutura da empresa dedicada a alcançar os resultados de vendas.

De um lado, há o produto e do outro, o cliente. No meio do caminho, está a força comercial com uma série de tecnologias, processos e ferramentas para gerir a equipe de vendas. Quanto mais eficiente e estruturada for essa força, maior será a eficácia da organização ao entregar o melhor produto ou serviço para o cliente certo.

No dia a dia do mercado, nem sempre se leva o produto ideal para o cliente. Por isso, é fundamental estruturar processos, efetuar controles e treinar pessoas em competências adequadas, fazendo-as enxergar de maneira clara tanto os produtos, quanto os clientes. É essa inteligência de vendas que faz a diferença em uma força comercial.

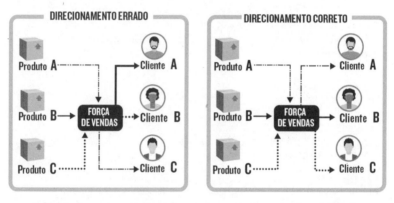

Figura 5.1: Direcionamento de produtos

Acreditamos que os conhecimentos e habilidades devem ser padronizados e treinados de acordo com a função de cada profissional. Principalmente, o conhecimento, que é adquirido. Com isso trabalhado, o valor adicional que o vendedor trouxer à negociação será fruto de suas habilidades particulares.

O profissional de vendas deve oferecer ao cliente a melhor oferta de compra do seu *mix* de produtos com uma proposta fundamentada em estudo analítico do potencial do cliente. Dentre as boas práticas, estão a comparação entre clientes do mesmo segmento e a análise do perfil tradicional de compras e da cesta de produtos aplicadas àquele tipo de operação.

A ideia é que o **vendedor** deixe de ser um operador de "tirar pedido" e se torne um **agente de transformação do negócio,** sempre com foco em atender as necessidades do cliente e, consequentemente, do consumidor final (quando não for o mesmo).

Uma carteira de clientes forte sustenta o negócio

Um dos grandes desafios da área comercial é trabalhar a carteira de clientes (pág. 37) internamente.

Adaptando o Diagrama de Nemoto* para a área comercial, há tarefas pré-definidas para cada função hierárquica e elas não devem ser delegadas a outras funções:

Funções	Tarefas
Gerente	Definir metas comerciais
	Orientar como implementá-las
Supervisor	Treinar os vendedores
Vendedor	Cumprir padrões de venda

Muitas vezes, delega-se ao vendedor tarefas do supervisor e do gerente, o que provoca um efeito prejudicial, já que aquelas pessoas não foram previamente treinadas.

*Representaçao gráfica de cargos e funções em uma empresa.

5.1 Criando a cultura comercial

De forma geral, a área comercial das empresas conta com uma série de gestores, os quais exercem funções específicas e se envolvem em um determinado nível de acompanhamento, conforme demonstrado na pirâmide a seguir:

Rotina Comercial – Estrutura das Reuniões

Figura 5.2: Visões gerenciais de curto, médio e longo prazo

Para cada função, há profissionais, rotinas e discussões específicas. Vamos conhecê-los:

Acompanhamento de Longo Prazo – Refere-se ao topo da pirâmide, no qual se encontra a diretoria comercial. Esta deve estar preocupada com as melhorias estruturais, as diretrizes, as ambições, os relacionamentos de alto nível e a visão estratégica da área comercial.

Acompanhamento de Médio Prazo – Este é o grau tático da hierarquia de gestão. Nele, estão os gerentes que se preocupam, principalmente, com as melhorias de competitividade. Executam o que está previsto a médio prazo, implementando os projetos de melhoria, comunicando as diretrizes semanais e acompanhando os resultados dos clientes chave.

Acompanhamento de Curto Prazo – Na base da pirâmide, temos os supervisores e suas equipes de vendedores, que são os profissionais diretamente focados nas vendas do dia a dia, nas visitas, nas negociações com os clientes. São os que, de fato, vendem.

Algumas estruturas comerciais são bem enxutas e acabam não contando com gestores em todos os níveis hierárquicos. Ainda assim, toda área comercial precisa dos 3 níveis funcionais em plena sintonia. Caberá ao gestor compreender, naquele momento, o "chapéu" de qual função está usando e exercer as respectivas responsabilidades.

Os rituais são assim chamados, porque nunca podem deixar de acontecer. Eles têm uma lógica, um momento para começar e terminar, uma pauta bem definida e uma série de regras que devem ser seguidas para garantir a Excelência. O segredo está na disciplina.

Toda área comercial vivencia emergências. Em geral, grande parte da atuação da equipe é externa. Sempre haverá exceções e a pressão de bater metas na última semana do mês. Todavia, caberá ao gestor da equipe valorizar os rituais e saber utilizar esses fóruns para direcionar as discussões e os esforços da equipe ao longo dos dias.

As rotinas e os rituais possuem um objetivo muito claro: consolidar a etapa de Controle do PDCA na área comercial criando uma disciplina, algo normalmente difícil para a área.

Apesar de todos os vendedores viverem rotinas semelhantes no que diz respeito às ações de vender, visitar clientes e gerir equipes, do ponto de vista prático, elas são bem distintas. Isso porque eles estão em diversas regiões, lidando com produtos e clientes diferentes. Essa realidade é um desafio para a elaboração de uma cultura comercial. É nesse ponto que os rituais são um fator diferencial, pois é quando a organização começa a desenhar a sua cultura de vendas.

São nos momentos ritualísticos que se alinham a postura do vendedor, qual será a sua abordagem de vendas, em que nível está a agressividade empresarial do ponto de vista de metas ou de vendas de produtos, etc.

Assim, os rituais impactam tanto no aspecto metodológico, quanto no alcance das metas da área. Eles monitoram os resultados e a execução de ações, em todos os níveis.

Toda rotina comercial deve contemplar, no mínimo, 3 rituais: o diário (reunião minuto), o semanal (análise de planos e resultados) e o mensal (fechamento de resultados).

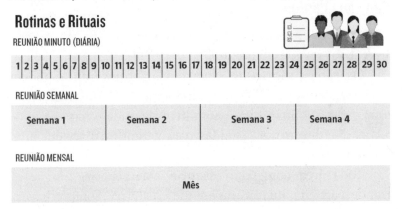

5.3: Rotina Comercial

Paralelamente aos rituais, deve haver o planejamento individual da semana (segunda-feira, internamente e, de terça a sexta-feira, externamente, visitando clientes).

Reunião minuto

São encontros de nível operacional que acontecem todos os dias, geralmente entre os supervisores e a equipe de vendedores. Situa-se na base da pirâmide e a discussão é a mais detalhada de todas, analisando cada cliente.

Seu objetivo é monitorar o desempenho do dia a dia: *como foi a venda de ontem? Qual é a meta de hoje? Há promoção nova? Temos alguma orientação da diretoria? Existe algum concorrente que valha a pena mencionar no curto prazo?* Todos os dias, o supervisor deve falar com sua equipe direta. Remota ou presencialmente.

Ela se chama assim porque é uma reunião muito rápida. A intenção é que dure entre 5 e 10 minutos. Quando a equipe está reunida presencialmente, recomendamos que o encontro se realize com todos de pé, para garantir celeridade.

Reunião Minuto

Figura 5.4: Reunião Minuto

Quando a reunião acontece remotamente, o ideal é que se realize uma *call* conjunta em que todos participam. Em alguns casos, é comum que haja um formato híbrido de reuniões diárias conjuntas e individuais.

Não se trata de falar todos os dias com o vendedor. Ele precisa saber que aquele é um minuto de **alinhamento do resultado.**

É na reunião minuto que se permite adotar contramedidas para sintomas imediatos e recolher informações para, na reunião semanal, avaliar se há nova diretriz a ser adotada pela empresa.

Se, por exemplo, houver uma queda de vendas brusca em um cliente específico, é nessa reunião que se alinha com o gestor para aferir de perto o que está acontecendo. São nesses minutos diários, quando se obtêm informações de ações que geram resultados ou de movimentações da concorrência que interferem nas vendas, que se gera insumo para os planos de ação dos vendedores ou até mesmo para o cumprimento das novas diretrizes comerciais de curto prazo.

A reunião minuto faz ainda mais sentido se houver metas diárias, pois ela parte do fim para os meios e de acordo com o resultado esperado para o dia. É um momento que traz a expectativa de venda em curtíssimo prazo. Ela é muito importante para a área comercial, porque todo dia é uma oportunidade para vender.

Se você não vendeu ontem, não necessariamente vai recuperar a venda perdida hoje. Alguém já consumiu o produto vendido no dia anterior. A oportunidade da venda de hoje é irrecuperável.

Apesar da sazonalidade comum na maioria dos negócios, o comportamento concentrado de venda na última semana do mês reflete muito mais o desempenho da equipe de vendas do que do mercado. É possível melhorar significativamente esse tipo de concentração que traz custos e gargalos para toda a cadeia produtiva do negócio.

Para ilustrar a oportunidade da venda, aludimos à metáfora do avião que decola vazio. Não adianta ele voar cheio no dia seguinte. Isso não recupera o prejuízo do dia anterior. Então, se você conseguir vender mais no dia seguinte foi porque absorveu as oportunidades do novo dia e não as que você perdeu no dia anterior. **A oportunidade da venda é perecível, independentemente do produto.**

Uma prática interessante para as reuniões minuto é associá-la ao Gestão à Vista, ferramenta que orienta as áreas da companhia envolvidas a, periodicamente, exporem seus resultados, tanto os que estão desempenhando bem quanto os que não estão. A reunião minuto se utiliza do Gestão à Vista como seu próprio *One Page Report*[14], pois são informações úteis e direcionadoras para a discussão diária.

Reunião semanal

Elas são táticas. Estão no nível intermediário. O profissional analisa regiões de mercado ou famílias de produtos. Os encontros envolvem gerentes e supervisores e, geralmente, acontecem às segundas ou às sextas-feiras. Em algumas empresas, acontece nas segundas e nas sextas, depende da cultura de gestão. O ideal é que aconteça pelo menos em um desses dias.

Além de estudar os resultados do período, o objetivo da reunião semanal é pensar se o conjunto de planos foram seguidos e quais são as táticas para a semana seguinte.

Normalmente, a meta geral da empresa não muda. Mas, por qual região ou produto ela será alcançada pode ser um tema discutível. É durante as reuniões semanais que os gestores balanceiam suas previsões de vendas.

Reuniões diárias e mensais são as mais comuns no meio empresarial. Mas encontros apenas nesses intervalos geram dificuldades para adotar medidas estruturais. Na reunião mensal, já se perdeu o tempo para tomar decisão. Na diária, se discute um plano para cada pessoa. Na semanal, é possível dar lateralidade para decisões que, às vezes, estão sendo tomadas em uma área e não em outra, definir táticas mais organizadas e planos de investimentos mais estruturados.

Essa é uma das suas grandes vantagens: garante tempo para agir e redistribuir esforços de venda, a fim de atingir o resultado no final do mês. Não é preciso esperar a data para

---

14- Documento de uma página utilizado em todos os rituais, no qual cada gestor participante traz as informações sobre as 3 gerações de tempo: o que planejou, o que realizou- juntamente com os resultados alcançados- e o que planeja para o período seguinte. Essa técnica dá agilidade na tomada de decisões.

realizar a reunião mensal (quando o *timing* já passou) e não aprofunda no nível de detalhe da reunião diária. Do ponto de vista tático, é o principal momento para o alinhamento geral de esforços da área.

Reunião mensal

Nesta reunião, lida-se com algo mais consolidado, o resultado geral de venda, o *market share* e posicionamento de mercado. A discussão acontece em um nível acima dos rituais diários e semanais.

A cada mês, todos os gerentes reúnem-se com a diretoria para discutir os resultados do período. É um encontro de fechamento. O mês já aconteceu e a equipe avalia como foi o resultado das vendas.

Também são discutidas algumas estratégias e sua efetividade. A organização está olhando para o que ocorreu, semelhante a um retrovisor. Geralmente, essa reunião sozinha não é suficiente para dar a agilidade que a área comercial precisa. Ela é mais global, não entra no nível de detalhe a ponto de transparecer o que está acontecendo em cada cliente.

Importante lembrar que, nas reuniões diárias, semanais e mensais, são trabalhadas as 3 gerações de tempo: passado (o resultado que aconteceu), presente (o que está acontecendo no momento) e futuro (quais são as táticas para alcançar o resultado), cada uma a seu nível de detalhe.

Os papéis nos rituais

Na cultura de reuniões, há sempre 2 papéis nos rituais: o de quem conduz (geralmente o cargo mais alto da hierarquia entre os participantes) e o de quem apresenta (quem vai exibir os resultados, explicar o motivo de não ter batido a meta e apresentar as sugestões de melhoria).

Em uma reunião conduzida pelo diretor comercial, por exemplo, ele deveria sentar na cadeira localizada à cabeceira da mesa e avaliar os resultados globais da empresa com os gerentes. Em seguida, estes apresentariam suas respectivas entregas.

Rituais	Quem conduz (Líder)	Quem apresenta
Reunião Minuto (diária)	Supervisor de Vendas	Vendedores
Reunião Semanal	Gerente Comercial	Supervisores de Vendas
Reunião Mensal	Diretor Comercial	Gerentes Comerciais

O principal papel do líder é pensar o futuro. Nas reuniões, primeiramente, ele recebe as informações dos gestores para discutir o que fazer. Enquanto conduz aquele momento, sua maior contribuição é dar direcionamento aos relatórios apresentados.

O líder faz uma boa reunião quando mobiliza ações para o futuro. Ele encaminha as ações e os recursos necessários a serem implementados. Todavia, de nada adianta discutir o futuro sem avaliar o passado e compreender o presente. Por isso é necessária a avaliação das 3 gerações de resultados.

Quem conduz não deve dar as respostas para os resultados apresentados no mês. Seu papel é instigar, questionar e orientar a equipe para a reflexão do que foi entregue.

Já quem apresenta deve estar apto a responder qualquer pergunta. Deve compreender o que aconteceu de desvio e comunicar ao seu gestor que conduz a reunião um plano de contramedidas previamente preparado. É nesse momento também que as boas práticas são compartilhadas.

A abordagem utilizada nos rituais (por exemplo, o nível de cobrança e o de colaboração) determina a cultura da área comercial. Ou seja, podem ser formuladas reuniões com as mesmas lógicas, nas quais se observam os mesmos números e, ainda assim, serem cultivadas diferentes culturas de vendas.

Planejamento individual semanal

Paralelamente aos rituais, os profissionais de vendas também realizam o planejamento individual semanal. Essa rotina permite a otimização das informações transmitidas entre os gestores comerciais durante as reuniões periódicas e ainda apoia a organização da rotina dos vendedores.

Rotina Comercial – Rotina Vendedor   PADRÃO

SEGUNDA

Participar da reunião semanal de alinhamento [6]
- Apresentar planejamento semanal
- Alinhar diretrizes
- Debater contra medidas para principais ofensores do resultado

Visitar clientes conforme Roteirização
- Seguir roteirização
- Preparar visitas
- Realizar visitas
- Vender!

Consolidar Desempenho do dia [7]
- Ver resultado final do dia vs meta
- Listar principais dificuldades e boas práticas

TERÇA, QUARTA E QUINTA

Participar da reunião diária (reunião minuto) [6]
- Apresentar resultado do dia
- Alinhar meta diária
- Principais pontos identificados no dia anterior

Visitar clientes conforme Roteirização
- Seguir roteirização
- Preparar visitas
- Realizar visitas
- Vender!

Consolidar Desempenho do dia [9]
- Ver resultado final do dia vs meta
- Listar principais dificuldades e boas práticas

SEXTA

Participar da reunião diária (reunião minuto) [6]
- Apresentar resultado do dia
- Alinhar meta diária
- Principais pontos identificados no dia anterior

Visitar clientes conforme Roteirização
- Seguir roteirização
- Preparar visitas
- Realizar visitas
- Vender!

Realizar planejamento semanal [8]
- Consolidar resultado da semana
- Elaborar plano de contra medidas
- Checar roteirização da próxima semana
- Analisar clientes que serão visitados na próxima semana

Figura 5.5: Rotina Vendedor

Esse planejamento é o insumo dos vendedores para a reunião minuto de segunda-feira com os supervisores. Estes, por sua vez, consolidam os planos e os levam para as reuniões semanais com os seus gerentes.

É a partir dos planejamentos semanais dos vendedores que os supervisores organizam sua rotina, pois acompanharão os clientes e vendedores que precisarem de maior suporte para a geração do resultado. Um supervisor nunca visita um cliente sozinho, pois o papel dele não é vender, mas treinar um vendedor.

Assim, na segunda-feira, os vendedores programam sua rotina e os supervisores vão aos gerentes apresentar os planejamentos e os resultados da semana anterior, além de receber as diretrizes da semana vigente. Quando necessário, os supervisores orientam na reunião minuto do dia seguinte possíveis ajustes de agenda.

O planejamento individual semanal do vendedor é muito importante, porque contribui para otimizar a qualidade da venda. É quando o profissional planeja quem vai visitar, quais serão as rotas, recorda se há algum cliente que merece mais atenção, observa melhor um concorrente específico... É o momento dele organizar a agenda da semana em termos táticos e operacionais. Vai definir e desenhar o que deve fazer por dia, por rota e, se possível, com cada cliente e seus respectivos pontos de atenção. Esse instante individual não requer reunião, ele foi estabelecido apenas para o planejamento.

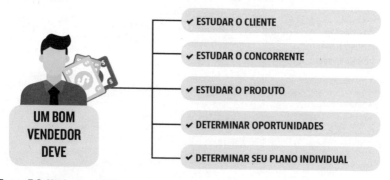

Figura 5.6: Um bom vendedor

Um dos pontos essenciais neste tema é deixar claro que o vendedor não pode ir para a rua sem preparo. Ele deve estudar e perguntar:

- **Cliente:** *O que ele compra normalmente e o que já comprou no passado?*
- **Concorrente:** *Como meu concorrente está posicionado? O preço dele é mais caro ou mais barato que o meu?*
- **Produto:** *A qualidade do outro produto é superior ou inferior à do meu? Quais são os benefícios do meu produto quando comparados aos do meu concorrente?*

Dependendo das respostas a essas perguntas, o vendedor define que tipo de oportunidade levará ao cliente. Pode ser uma promoção, um novo produto ou uma nova estratégia. Esses são os passos para elaborar o plano de visitas.

Os vendedores têm acesso a relatórios que organizam essas oportunidades, direcionando o plano de abordagem ao cliente. Dessa forma, o pilar força comercial se torna cada vez menos dependente das iniciativas particulares dos vendedores que, além de contribuírem com o planejamento, passam a ser grandes cumpridores de planos de atuação, elaborados pela própria inteligência de vendas.

O planejamento individual acontece em todos níveis de hierarquia da gestão comercial. A diferença é o papel de cada um:

- Vendedores organizam as visitas para venda;
- Supervisores decidem as visitas que desejam acompanhar junto com os vendedores;
- Gerentes programam as visitas de relacionamento com o cliente;

5.2 Alinhamento dos esforços

Neste tópico, abordamos como direcionar os esforços da equipe de vendas para conscientizar e motivar o vendedor, tornando claro o diferencial que suas atitudes geram enquanto integrante da área comercial.

Isso diz respeito à capacidade do vendedor pôr em ação seu conhecimento técnico e habilidades em prol dos objetivos do negócio, sempre em consonância com o aspecto coletivo em busca de processos eficientes e resultados excelentes.

Para isso, a definição de metas e a remuneração variável são os aspectos trabalhados nesse estágio.

Definição de metas

Metas são desafios estabelecidos para realizar um objetivo mensurável dentro de um prazo esperado. Toda meta deve ser composta por objetivo + valor + prazo.

Com a descrição da meta SMART, conseguimos analisar o que é uma meta e como ela deve ser praticada. Cada letra da palavra SMART revela uma característica da meta:

Specific (específica)	• A meta específica tem maior probabilidade de ser alcançada que uma meta genérica/ geral / não elaborada. • As metas devem ser bem definidas e focadas. • Defina o mais facilmente que você puder para saber onde você quer chegar.
Mensurable (mensurável)	• Estabelecer um critério concreto / objetivo de mensuração do progresso no decorrer da execução e implantação das ações. • Estabeleça um painel de resultados atualizado frequentemente e com base confiável. • Sem uma forma de medir seu sucesso, você perderá a chance de celebrar o êxito conhecido.
Attainable (atingível)	• Sonhe grande, porém mantenha os pés no chão. Seja realista. • Ao estabelecer metas realistas ainda que desafiadoras, você alcançará o equilíbrio que você precisa. • São os tipos de metas que exigem que você eleve o "sarrafo".
Relevant (relevante)	• Metas devem ser relevantes para a direção que você e a organização precisam ter. • Estabelecer metas alinhadas, permitirá que você desenvolva o foco necessário para seguir em frente. • As principais questões aqui são: "por que você quer alcançar esta meta?", "qual é a estratégia que a meta permite operacionalizar?" e "esta meta de fato ajudará no alcance desta estratégia?"
Time based (temporal)	• Uma meta deve ter um prazo para alcance. Isso significa que você sabe quando poderá comemorar. Mantenha a linha de tempo realista, de modo que você mantenha a moral elevada. • Quando você trabalha com prazos limites, seu senso de urgência aumenta e o alcance das metas virá mais rapidamente.

Ao definir metas para a área comercial, precisamos distinguir pelo menos 3 tipos delas: as de esforço próprio, as de equipe e as de influência.

Como abordado anteriormente, o vendedor é o único profissional de toda a estrutura comercial que deve vender. É ele quem está na ponta com o cliente. O esforço próprio é dele, caracterizando assim o primeiro tipo de meta.

Por outro lado, a venda consolidada, somando o esforço individual de todos os vendedores, deve refletir a meta de vendas da empresa. Essa é uma meta de equipe.

Já a meta de influência se caracteriza quando uma meta individual influencia os resultados de uma ou mais pessoas. Por exemplo, uma meta de crescimento de volume de vendas de um produto de combate do portfólio com preço inferior afeta a meta de preço médio estabelecida para outros gestores. Não aprofundaremos sobre esse tipo de meta, porque ela é singular para cada empresa e sua estratégia de resultados.

Figura 5.7: Tipos de metas

Assim, é preciso definir metas individuais para cada vendedor. Mas apenas isso não é suficiente, pois não adianta um vendedor bater asua meta e a empresa não vender o consolidado que necessita. É necessário identificar qual vendedor está atingindo a meta individual e qual não está.

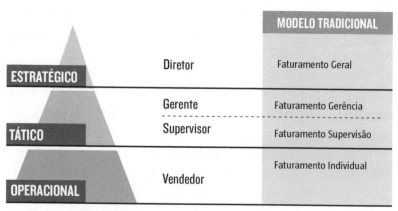

Figura 5.8: Modelo Tradicional de metas

É importante compreender que cada nível hierárquico tem o seu esforço próprio na busca pelo resultado. Na nossa experiência, percebemos que as companhias propõem as mesmas metas para a empresa inteira. Do ponto de vista comercial, essa é uma prática que impacta negativamente toda a organização, a qual prospera de acordo com o melhor que alcança em termos comerciais e não apenascom a média de vendas.

Principalmente em estruturas maiores, quando não se analisa profundamente a origem dos resultados, é comum descobrirmos um profissional "cobrindo" o resultado de outro. Além de mascarar as entregas, uma análise precária esconde oportunidades de negócio.

Já vimos que o vendedor deve atingir uma meta de vendas, que é a de esforço próprio. Para o supervisor, a meta de vendas deve ser interpretada como uma meta de equipe e não de esforço próprio. Uma meta de esforço próprio do supervisor poderia ser o número de vendedores que bateram suas respectivas metas. Isso porque o papel do supervisor não é vender e sim desenvolver e manter uma equipe de vendedores que batam metas.

Assim, o supervisor possui, de um lado, a meta de equipe (ou seja, o resultado de vendas que sua equipe deve atingir em volume) e, do outro, a sua meta de esforço próprio que é fazer com que a maior quantidade de seus vendedores bata suas respectivas metas de esforço próprio.

		META EQUIPE	META ESFORÇO PRÓPRIO
ESTRATÉGICO	Diretor	Faturamento Geral	Nº de gerentes que batem meta
TÁTICO	Gerente	Faturamento Gerência	Nº de supervisores que batem meta
	Supervisor	Faturamento Supervisão	Nº de vendedores que batem meta
OPERACIONAL	Vendedor	Faturamento Individual	

Figura 5.9: Modelo Avançado de metas

O mesmo padrão é observado no nível hierárquico superior. O papel do gerente também não é vender. Ele possui a meta de equipe (resultado total de volume de vendas dasua equipe) e uma meta de esforço próprio (individual) que é fazer com que a maior quantidade de supervisores bata suas respectivas metas de esforço próprio. Outra meta de esforço próprio para o gerente seria trazer grandes novos clientes para o negócio, uma ação coerente com o seu nível hierárquico.

Buscar a Excelência é fazer com que todos atinjam metas bem definidas. É possível e inteligente distribuir os esforços da equipe comercial e conectar as metas ao invés de apenas definir metas de vendas para todos.

É importante conhecermos a origem das metas que conjuntamente contribuem para o desenho dos esforços individuais e coletivos da área comercial e, consequentemente, a formação de uma cultura de vendas. São 2 as origens das metas: sobre resultados e sobre processos.

As metas sobre resultados se referem à qualidade da venda por si só, incluindo o ticket médio, o preço médio, a margem e a qualidade da carteira, ou seja, se vendeu para um cliente chave, para um cliente ativo ou se perdeu algum cliente.

As metas sobre processos dizem respeito aos meios utilizados para alcançar as vendas, como visitas, prospecção, taxas de conversão, positivação, etc. Elas medem a eficiência do processo.

Figura 5.10: Metas sobre resultados vs processos

Normalmente, recomendamos o mínimo de 3 e o máximo de 5 metas individuais, seja para o vendedor ou qualquer outro gestor da área. Um número acima de 5 não é interessante, porque o profissional perde o foco e uma quantidade menor do que 3 inviabiliza a valorização dos principais pontos que precisam de acompanhamento.

As metas dos integrantes da equipe comercial são normalmente definidas pelo gestor que está logo acima na hierarquia. Apesar de ser implementada de cima para baixo, a meta deve ser sempre negociada com o profissional que a está recebendo, pois ele deve compreender que, apesar de desafiadora, ela é factível.

Orientamos que, no rol de indicadores do *book* de metas individual, um deles seja passível de alteração. Por exemplo, que seja possível, a cada trimestre, alterar o indicador de acordo com a política do momento, pois pode ser interessante incrementar a meta com um novo produto ou uma nova região.

A lógica para estruturar uma composição de metas é, de fato, um passo anterior à formulação da remuneração variável. Para esse último ponto, geralmente se mescla o resultado individual com o desempenho da área comercial.

A gestão em vendas deve sempre balancear como remunerar bem e individualmente aquele gestor que desponta dos demais e, ao mesmo tempo, buscar os incentivos do grupo, essenciais para alcançar os objetivos comercias da empresa.

Ao compor as metas, a organização busca equilibrar o esforço individual e o esforço da equipe, moldando as condições necessárias para remunerar individualmente aqueles que entregam os resultados esperados assim como toda a equipe se ela desempenhar bem.

Remuneração variável

A remuneração é ponto fundamental na criação da cultura da força comercial. Sua composição está intimamente ligada à postura da equipe e às estratégias comerciais.

Uma remuneração é composta pelos seguintes blocos:

Figura 5.II: Composição remuneração

- **Remuneração Fixa:** é o salário do gestor, ela não varia de acordo com a sua performance. Quanto maior a proporção dessa parcela da remuneração em relação às demais, menos agressiva é a remuneração comercial, pois a remuneração do gestor passa a depender menos do seu desempenho.

A remuneração variável, adicionada à remuneração fixa para completar a remuneração total, é aplicada como uma recompensa e tem relação direta com o resultado. Ela é composta pelas seguintes práticas:

- **Benefícios:** celular, carro, moto, combustível, ajuda de custo para almoçar com cliente. Variam de acordo com a empresa e com as características do trabalho.

- **Comissões:** dizem respeito ao quanto você quer tornar o vendedor sócio do resultado. Quando você compartilha um percentual sobre a venda global que ele realizou, independentemente se foi uma venda boa ou ruim ou se o resultado era esperado ou não; se ele vendeu, você dá uma parte para ele.

Oferecer altas comissões não é o melhor caminho. A empresa pode utilizar essa ferramenta para remunerar, mas não de forma exclusiva. Remunerar apenas com comissão não é inteligente, porque, a partir de um patamar de alta remuneração, reduz-se o interesse do vendedor de gerar novas vendas, estagnando o resultado global do negócio.

Além disso, a comissão pode ser progressiva. Por exemplo, o vendedor ganha 1% de tudo que vender no período esperado. A partir do alcance da meta no prazo, a comissão sobe para 2%. Se ele passou 120% da meta, por exemplo, ela sobe para 3%. Assim, você torna o vendedor mais sócio do seu resultado à medida que ele gera mais resultado do que se espera. Essa é uma prática interessante para incrementar o programa de remuneração.

- **Premiações:** são valores predefinidos pelo alcance das metas. Por exemplo: daquelas 3 a 5 metas estabelecidas para o gestor, define-se: *se você bater a meta X, ganha R$ 500,00; se você bater a meta Y, ganha R$1.000,00.* A empresa cria uma cesta de premiações de acordo com o valor que vai destinar a quem alcançar ou ultrapassar determinadas metas. É uma forma dedirecionar o vendedor para atingir as metas empresariais.

Ajustar as premiações trimestralmente é uma forma de garantir que a equipe comercial esteja sempre buscando seu objetivo de curto prazo. Trimestral ou semestralmente, a organização está balanceando as premiações ou ajustando indicadores de acordo com os resultados que almeja para o momento. Assim, incrementa-se a remuneração variável tendo em vista a cultura que se deseja criar.

Um cuidado a se tomar é nunca renegociar metas, simplesmente porque elas não estão sendo alcançadas. Agir assim é um estímulo a não superar resultados. Os bons vendedores não podem ser punidos! Os ajustes devem ser associados às questões estruturais de mercado e ao orçamento.

- **PLR[15] :** é participação nos resultados da empresa. Ou seja, a organização pode ainda acrescentar uma remuneração extra se, por exemplo, ao final do ano, a empresa alcançou o que era esperado. Em geral, a área comercial responde pela margem bruta do negócio enquanto o resultado como um todo é avaliado pelo EBITDA. Há algumas organizações que utilizam de *stock options*[16] como uma forma de incentivar e aproximar os gestores da sua geração de resultado.

Assim, os blocos que compõem a remuneração total de vendas são, na verdade, ferramentas organizadas pela empresa de acordo com seus objetivos comerciais, os quais ela determina se podem ser mais ou menos agressivos.

Quando se balanceia remuneração fixa com comissões,

15- Participação nos Lucros e Resultados.
16- Remuneração baseada em ações, a fim de engajar o profissional no crescimento e desenvolvimento do negócio, pois ele passa a participar do plano de ações da empresa.

premiações e benefícios, está se alinhando meritocracia com as vendas do grupo, além de formatar a cultura comercial.

A remuneração variável é um fator de motivação para o vendedor. Ela funciona como alavanca para que ele perceba onde a companhia quer que o seu foco esteja.

CHECKLIST

Capítulo 5

- Como qualificaria a cultura comercial da minha equipe de vendas? Quais comportamentos valorizamos?
- Atualmente, adotamos alguma inteligência de mercado a fim de realizar ofertas assertivas para cada cliente?
- Sou vendedor ou agente de transformação do meu negócio?
- Minha equipe comercial segue uma rotina? Todos sabem seu papel e função em cada ritual?
- Temos disciplina e produzimos discussões de qualidade nos nossos rituais?
- Aplicamos o conceito de reuniões minuto, semanal e mensal?
- Todos fazem o planejamento individual da semana?
- As metas comerciais foram definidas e distribuídas com inteligência?
- Sei o papel de cada meta na minha estratégia de cultura comercial?
- Todos têm metas de esforço próprio?
- A remuneração variável foi estrategicamente definida? Ela orienta a equipe de vendas acerca das prioridades de comportamento?
- Exploro todas as possibilidades de modelo de remuneração?

" Excelência não é uma habilidade, é uma atitude."

Ralph Marston

ETAPA 3

RELAÇÃO DA ÁREA COMERCIAL COM A EMPRESA E COM O MERCADO

Neste Bloco, abordamos a empresa que já desenvolveu práticas de gestão comercial mais sólidas. Ela é capaz de se relacionar melhor com a sua própria estrutura interna de negócio, assim como com o mercado, antecipando-se a ele e atendendo às necessidades dos clientes dentro do prazo.

O primeiro tópico aborda as relações internas entre comercial e a empresa. S&OP[17] trata a integração organizacional necessária, a fim de se atingir os objetivos comerciais da forma mais eficiente possível. Os setores se relacionam buscando sempre evitar custos inúteis e otimizar resultados, sejam particulares ou coletivos. A ideia é alcançar a meta da empresa realizando as possíveis correções necessárias.

Em seguida, abordamos o olhar para fora da organização. Trazemos o conceito de marketing estratégico para esclarecer ao leitor o quão relevante essa área é para a equipe comercial. Por meio de estudos e pesquisas de tendências, a organização prevê onde quer chegar e planeja mais detalhadamente como. Veremos, também, como a participação de mercado é mapeada e trabalhada pela empresa, incluindo os principais perfis de vendedores.

17- Sales and Operations Planing. Em português: Planejamento de Vendas e Operações.

Por fim, o Bloco 3 apresenta as principais tecnologias e tendências para a área comercial, sendo representadas pelos conceitos de *big data* e GTM (*Go To Market*). Exploramos como esses recursos contribuem para a área comercial, trazendo cada vez mais a qualidade da excelência para seus resultados.

Capítulo 6
Relação com a empresa (S&OP)

O que marca este aspecto da gestão comercial é a capacidade da organização de responder ao mercado e às suas mudanças de forma organizada e em tempo hábil.

Para isso, é necessário que a integração corporativa aconteça em harmonia, com comunicação e processos claramente estabelecidos, principalmente entre as interfaces – a interação entre as áreas.

A ferramenta S&OP, que trata do planejamento de vendas e operações, é o recurso que exemplifica bem esse nível de gestão e adaptação empresarial. Funciona como um "maestro" na organização e estabelece uma verdadeira integração entre a área comercial e as demais. É uma ferramenta que alinha a estratégia à operação, orienta na medição do desempenho e fomenta a melhoria contínua.

Norteado pelo EBITDA (pág. 175), seu objetivo é maximizar o fluxo de caixa e o nível de estoque por meio de uma previsibilidade de vendas. Ou seja, busca **alcançar a melhor combinação entre resultados financeiro, comercial e industrial**.

Ponto inicial do planejamento de vendas e operações, a previsibilidade é uma responsabilidade da área comercial, pois é ela que interage diariamente com o mercado e possui as informações de venda, para equilibrar os lotes de produção, o estoque e a rentabilidade.

Por incluir *mixes* de produtos, preços e clientes, o S&OP permite que a empresa dê tangibilidade aos hábitos dos consumidores e realize a projeção de compra dos insumos necessários para cada produto.

A partir daí, evita-se estoque em excesso e futuros problemas de caixa. Isso porque há um custo imediato para cada item produzido. O que não é vendido, considera-se capital parado. Para ser competitiva, a empresa deve equilibrar resultado contábil, financeiro e participação de mercado. Ou seja, vender sem desperdícios e evitar estoques com produtos sem giro.

Como o S&OP considera o EBITDA, a companhia pode até avaliar estocar produtos, mas deve estudar com bastante cautela quais seriam eles. *Por quanto tempo poderiam ser estocados? O indicador de estoque possuiria um ponto ideal para equilibrar caixa e EBITDA?* Assim, percebemos que sempre se busca o equilíbrio entre produção, estoque e resultado.

Figura 6.I: No S&OP, a área comercial está no centro, interagindo com o mercado e trazendo a previsibilidade para as áreas internas atuarem integradas em busca do resultado financeiro

A ferramenta

A melhor forma de compreender a demanda e perceber a fidelização do cliente é absorver as informações do próprio vendedor, que conhece a sua carteira. Geralmente, a previsão de vendas é baseada no histórico da carteira.

Por exemplo, há um cliente que compra 2 ou 3 vezes no mês, outro compra 5 ou 6 vezes, outro compra em um mês e no outro não e outro compra uma única vez por ano. Após reconhecer quais são os clientes recorrentes da carteira, faz-se uma projeção destes como âncoras para o negócio, pois eles podem sustentar a produção para o ganho de escala. Os clientes que estão na fase de prospecção ou os que não compram com tanta frequência são classificados como **oportunidade**.

A meta geral de orçamento, definida no início de janeiro ou até em novembro ou dezembro do ano anterior, pede que se estabeleça uma projeção financeira. Nesse momento, a organização não possui todas as estimativas comerciais e de mercado. A produção não vai solicitar compras de janeiro a dezembro baseada apenas no orçamento, pois isso elevaria o risco de gerar estoque ou gastos desnecessários com produtos que não estão girando. Além disso, existem também os riscos de alteração no cenário econômico, na cadeia de produção e de nova atuação dos concorrentes.

Essa projeção financeira é um ponto de partida que será confrontado com a previsibilidade. Se houver *gaps* entre o orçamento geral e as previsões mensais, elabora-se um plano de ação para alcançar uma nova previsão mensal, que inicialmente é financeira e não de *mix*.

Os vendedores se apoiam em 3 fatores para prever a demanda:

1 - **Carteira comercial (todos os clientes):** os fiéis, os que inativaram, os que estão com alguma restrição financeira ou comercial e não vão comprar naquele período, etc. É a situação da carteira.

2 - **Novidades ou ações de marketing para alavancar vendas:** quando estão sendo praticadas no mercado, eles analisam o histórico e como as ações influenciaram o consumo daquele item que está em promoção.

3 - Histórico dos itens: na carteira comercial, observam-se os clientes. Aqui, os vendedores verificam a evolução do consumo dos SKUs[18].

O confronto desses 3 fatores gera uma previsão de vendas. Assim, os vendedores podem perceber se o que estão estimando de acordo com os 3 itens é ou não suficiente para alcançar a projeção financeira.

Por que considerar os 3 fatores e não a própria projeção financeira para o planejamento das operações?

Ao atender primeiramente os 3 fatores, o S&OP evita custos ou produções desnecessárias, obedecendo a seguinte ordem: o setor de compras adquire somente o que for necessário para as vendas. O setor financeiro conhece o que não estiver relacionado à necessidade de compra para o mês vigente ou o que já tenha sido comprado no mês anterior ou o que foi iniciado em uma negociação. Dessa forma, postergará a transação ou pedirá condições diferenciadas de pagamento.

O setor de suprimentos prepara a expedição para priorizar os itens que irão para a produção, a qual os lança para que não sobre estoque. A área de recursos humanos programará alimentação, transporte, férias e horas extras para que os colaboradores atendam o plano de produção baseado na previsão de vendas.

Com a previsão pronta, a engenharia de itens selecionará, por exemplo, o item A que leva uma embalagem B, um plástico C, uma matéria-prima D e todos já estão no estoque. O que não há em estoque será contemplado em um plano de compras para insumos, elaborado pelo setor de suprimentos, de acordo com o que a indústria necessitará para atender a área comercial.

Se, por acaso, o comercial determina que tudo o que ven-

18- *Stock Keeping Unit*. Em português: unidade de controle de estoque. Corresponde ao desdobramento máximo do portfólio de produtos.

derá serão 100 unidades de algum item, o setor de suprimentos pode afirmar: *20 unidades já temos acabadas, só precisamos de 80. Dessas 80 que serão produzidas, temos 30% dos insumos, então faremos uma lista dos 70% restantes.* O setor dispara esse plano de compras e envia para o PCP,[19] o qual informará: Vamos produzir os 70% na ordem x, considerando que os demais insumos para produção chegarão nos dias 4, 5, 6 e 7, por exemplo.

Dessa forma, vimos que a previsão de vendas gerou um plano de produção, a partir do qual foi viabilizado um plano de compras de insumo. O plano de produção será cumprido considerando os níveis de qualidade, disponibilidade e produtividade fornecidos pelas linhas produtivas, que são os indicadores da indústria. Com isso planejado, parte-se para a execução.

Vamos continuar nosso exemplo e imaginar que estamos, aleatoriamente, em setembro, junto com o estágio do início das vendas. Em relação aos SKUs, a empresa será assertiva para alguns itens. Para outros, não.

Todos os itens inseridos nas 100 unidades que o comercial afirmou que venderá serão avaliados se estão sofrendo desvios, para os quais há uma tolerância de 5% para mais ou para menos. Ou seja, se foi estipulado vender 100 unidades do item A, o desvio pode ficar entre 95% e 105% que será considerado tolerável.

Um desvio abaixo de 95% gerará estoque, pois a empresa produzirá mais do que o necessário. Se o desvio for acima de 105%, gerará ruptura, ou seja, a empresa venderá e não conseguirá entregar. É por essa razão que os itens são calculados um a um.

Se a tendência apontar 80% de assertividade, a cadeia deve ser recalculada: o comercial deu um *input*, o financeiro percebeu que está atendendo 80% da previsão e começa a renegociar as faturas de insumo: "ao invés dos 70%, vamos precisar

---

[19]- Plano de Controle de Produção.

de 50%, porque não estamos vendendo tudo". Então, o setor entra em contato com cada fornecedor para postergar faturas e buscar melhores condições de proteger o caixa.

O S&OP protege o caixa, mas é guiado pelo EBITDA. Imaginemos que, ao confrontar a previsão de vendas com a projeção financeira da empresa, percebe-se que a organização vai atingir 95% dela.

Então, pensa-se: "com a assertividade baixa para um determinado produto, venderemos menos que o previsto e o resultado do confronto que estava em 95% vai cair para 85%. Mas, como nos comprometemos e apresentamos no planejamento de S&OP que atingiremos 95%, temos que fazer outro produto girar". Assim, a reunião de rotina do S&OP analisa todos os itens que não estão girando e atualiza o plano de produção inserindo outro produto que está em excesso para **garantir que o resultado final aconteça**.

O S&OP trabalha de modo processual para defender o fluxo de caixa livre mês a mês. Por se tratar de uma previsão, se o cenário muda, a gestão **deve rapidamente adaptar todos os elos da cadeia para atingir o resultado mais próximo do previsto anteriormente**. Se a organização tinha que vender 100, mas percebeu que venderá 70, ela deve buscar o mesmo resultado como se estivesse vendendo 100.

O planejamento de vendas e operações atua para alcançar sempre o melhor resultado financeiro possível. Se atendesse apenas a produção, a empresa não fabricaria os produtos que tiveram a venda estourada para cima, ou seja, os que a produção informou 100 unidades e a companhia está vendendo 130, por exemplo.

Em relação àqueles itens que a companhia está vendendo abaixo do esperado, deve-se interromper a sua produção e substitui-la pelos itens com demanda represada – os que estão vendendo acima da expectativa.

Semanalmente, decisões são tomadas a partir do indicador de assertividade. Quando ele está baixo, 3 ações podem recuperar o resultado financeiro:

1 – Fazer girar o que está parado e focar as vendas nisso;

2 – Reformular o plano de produção, para atender demanda represada, quando a previsão erra para menos, ou seja, o cliente pede, mas a empresa não tem como entregar. Deve-se parar a produção de um item que não está girando e priorizar a produção do que está com demanda em expansão;

3 – Replanejamento da área financeira com os fornecedores, em busca de garantir o resultado de caixa.

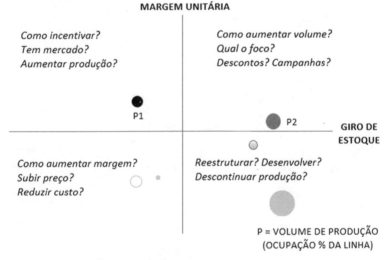

Figura 6.2: Margem vs Volume Estoque.

Implantação

Geralmente, o S&OP integra a Diretoria de Suprimentos ou a Diretoria Financeira de uma companhia. Quando a empresa possui uma Diretoria de Suprimentos, ela cuida da interface do S&OP com as demais diretorias. Quando não há uma

Diretoria de Suprimentos, o S&OP integra a Diretoria Financeira, pois seu principal objetivo é resguardar o caixa.

São 6 as grandes áreas que interagem entre si formando o ciclo do S&OP na organização. Cada uma delas corresponde a uma etapa: comercial (1), produção (2), suprimentos (3), financeiro (4), logística (5) e estoque (6).

Figura 6.3: Ciclo S&OP

Todos os meses, é desenhada uma previsão. A produção traduz o que o comercial precisa em termos de máquina, horas-máquina, horas-homem e insumos e envia esse plano para o setor de suprimentos comprar o que é necessário. Essa informação chega ao financeiro como contas a pagar e contas a receber. A logística elabora um plano de expedição e de cubagem dos caminhões. E a cobertura de estoque verifica o que vai sobrar no final do mês.

A ordem de criação do ciclo parte da área 1, mas vale ressaltar que a cobertura de estoque (6) influencia a previsibilidade (1). Existe uma continuidade. Assim, vemos que o S&OP é um ciclo que inicia e termina na área 1, que é o comercial.

As contramedidas, que são as ações constantes de tratamento de desvios, a fim de alcançar o equilíbrio almejado pelo S&OP, iniciam da área 6 em direção à área 1, refazendo do estoque até alterar a previsibilidade. O importante é atualizar o plano e produzir o que está sendo necessário dentro do mês. Geralmente, as empresas que adotam o S&OP contam com um comitê e líder específico para esse ciclo.

Durante a implantação do S&OP em uma empresa, pode haver resistência inicial, pois trata-se de um novo processo envolvendo 6 áreas diferentes, todas com indicadores relacionados entre si. Por isso, é essencial que tais indicadores sejam claros, informando onde inicia o processo de uma área e qual é a interface que ela tem com a outra.

	RESPONSABILIDADE	INTERFACE
1	Gerentes Comerciais	6
2	Analista de PCP	1
3	Comprador	2 6
4	Financeiro	3
5	Logística	1
6	Estoque	1 2 3 4 5

Figura 6.4: Interfaces do ciclo S&OP.

Para implementar o S&OP, cada uma das 6 áreas trabalha 4 pontos, que são:

- **Processo:** como as ações são realizadas em cada área – os planos de compras, de produção, a previsibilidade, etc.;
- **Indicadores:** a definição das metas de cada área e como medi-las;
- **Reuniões periódicas:** para a entrega dos resultados e definição das ações dos planos;
- **Pessoas:** os agentes do S&OP, o que cada um entrega e quando.

Indicadores são essenciais para a rastreabilidade. Abaixo, listamos os indicadores de cada área:

- **Comercial:** previsibilidade (% de acerto na previsão de vendas);
- **Produção (PCP e fábrica):** qualidade dos itens, disponibilidade de máquinas e produtividade;
- **Suprimentos:** plano de compras (% de acerto da previsão de desembolso);
- **Financeiro:** fluxo de caixa (% de acerto da previsão);
- **Logística:** prazo de *picking*[20], de separação e aproveitamento do caminhão;
- **Estoque:** entregas no prazo, nível de estoque.

Como abordamos no início do tópico, uma das grandes vantagens trazidas pelo S&OP é a integração entre as áreas

---

20- É a separação dos pedidos dos clientes: os colaboradores coletam o mix de produtos do estoque e enviam para a expedição, onde serão conferidos e encaminhados para o transporte.

na empresa. A comunicação é compreendida de forma positiva e sadia pelos envolvidos. É quando a ferramenta passa a ser de toda a organização e não mais de uma área exclusivamente.

É a área comercial puxando toda a cadeia de valor da companhia rumo ao avanço na maturidade de gestão, focada no atendimento ao cliente e eficiente na busca por uma tomada de decisão rápida e acertada.

Execução

A previsão e o seu acompanhamento

Normalmente, no último dia do mês, os vendedores recebem um modelo estatístico que traz a previsão detalhada com a sugestão de venda para cada item. Possíveis ajustes podem ser realizados em até 3 dias. Um exemplo prático dessa situação seria a previsão pedir 100 unidades de determinado item e o vendedor pedir 130 justificando o porquê.

Quando o vendedor necessita aumentar a quantidade de SKUs de vendas, ele deve informar se o motivo é uma ação comercial na qual vai focar; se são 2 ou 3 clientes que, para esse produto, estão em prospecção a ser convertida no mesmo mês; ou se é um caso no qual a venda está em aprovação e com seu contrato em negociação.

A previsão é definida com base nos próximos 3 meses, mas o escalonamento da produção e o acompanhamento em relação à expectativa de vendas são semanais. Por exemplo: serão produzidos 20% dos itens na Semana 1, 30% na Semana 2 e o restante nas Semanas 3 e 4. À medida que o mês evolui, as semanas de produção e de vendas vão sendo comparadas uma a uma: Semana 1 x Semana 1, Semana 2 x Semana 2, etc.

Por que realizar a previsão para os 3 meses seguintes?

Imagine uma indústria. O que o setor comercial começou a vender agora, ela está recebendo em forma de pedidos e possui uma carga de máquina para entregar entre 15 e 20 dias. Na verdade, ela não consegue mais mudar a previsão do mês vigente, pois já vendeu no mês passado. Quando se está em setembro, fazendo a previsão de outubro e novembro, observando os dados do cenário até ontem, ela possui mais chances de ser assertiva. Então, ao chegar outubro, a indústria ainda pode alterar a previsão de novembro e dezembro, mas a do mês vigente não mais.

À medida que a indústria modifica algo nesses 3 meses, ela permite que a área financeira renegocie o plano de compras com a área de suprimentos e postergue faturas com fornecedores. Outro ponto importante para se pensar o trimestre é que, se a indústria faz compras apenas para um mês, ela não atinge escala para negociação. Como esse universo é sempre atualizado, a empresa pode renegociar tudo com os fornecedores. Essas são as 3 etapas que acontecem na rotina da previsão: o modelo estatístico, o calibre (possíveis ajustes na previsão) e a entrega.

Impacto

O S&OP permite que cada área envolvida tenha um SLA[21], um termo de acordo do que é esperado. Quanto maior for o acerto da previsão, maior deverá ser o retorno financeiro de cada área.

De maneira aproximada, nossa experiência demonstra que, a cada 6 pontos percentuais de aumento na porcentagem de acerto da previsão de vendas, a margem de EBITDA aumen-

---
21- *Service Level Agreement*. Em português: acordo de nível de serviço.

ta 0,5%. Obviamente, essa correspondência pode variar entre empresas.

Por exemplo, uma empresa possui 70% de acerto de previsibilidade. Se esse grau for para 76%, a margem de EBITDA que antes estava em 9% deve ir para 9,5%. A empresa comprará melhor, terá mais qualidade e disponibilidade, além de uma expedição com menor perda. Importante frisar que essa correlação não é linear. Quando o processo se torna mais robusto, o impacto no EBITDA é menor.

Nas páginas seguintes, conheceremos ações e conceitos fundamentais de marketing estratégico por meio dos quais a organização se relaciona com o mercado.

CHECKLIST

Capítulo 6

- Como se dá a relação da área comercial com as demais áreas da empresa?
- O que norteiam nossas relações? EBITDA?
- A empresa planeja bem a demanda? Existe algum planejamento e rotina de S&OP?
- Consigo melhorar meu acerto na previsão de vendas? Como isso impacta no meu resultado?

Capítulo 7
Relação com o mercado

A relação da área comercial com o mercado diz respeito ao momento em que as organizações olham para fora, compreendem sua atuação e estudam oportunidades de melhoria. Elas já possuem uma estrutura interna que lhes permite um preparo para atender as necessidades e os desejos do consumidor. Agora, trata-se de um estágio no qual são capazes de promover a sinergia entre a demanda futura e a entrega, de uma forma cada vez mais eficiente.

7.1 Marketing estratégico

Ao praticar o **marketing estratégico**, a empresa reflete: *quais são os novos produtos, as novas tendências e os novos mercados? Daqui a 12 meses, quem serão meus concorrentes, o que as pessoas estarão consumindo, em quais mercados terei de atuar? Qual será a tecnologia, o produto ou a empresa que vai "matar" a minha?*

É uma área que segue a evolução do mercado de referência e identifica produtos e segmentos em potencial com base nas necessidades de consumo. Orienta a empresa para oportunidades econômicas atrativas, adaptadas a seus recursos e que oferecem chances de crescimento e de rentabilidade.

O marketing estratégico olha além da montanha para enxergar o que está por vir, ele trata da **segmentação de clientes, foco no mercado e posicionamento de marca. Principalmente em relação aos novos mercados, produtos, concorrentes e tendências.**

Vale lembrar que a inovação é binária. Em algum momento, o mercado é nivelado, porque a concorrência copia e melhora aquela ideia, tornando-se necessário inovar novamente.

Figura 7.1: A inovação é binária. A empresa está no 1 ou no 0.

O oceano azul é o mundo de oportunidades onde ninguém atua. O marketing estratégico tem o objetivo de identificar esse lugar, assim como trabalhar as áreas brancas do mercado. Estas, por sua vez, não implicam necessariamente em inovação ou na criação de novos produtos, mas na atuação em uma parcela do mercado praticamente inexplorada pela empresa.

Áreas brancas e atuação no mercado

São as regiões com oportunidades de oferta de produtos nas quais as organizações têm pouca ou nenhuma atuação, por isso levam esse nome. O *share* é baixo e o mercado é dominado pela concorrência.

Essas áreas têm sinergia com a organização, seus produtos e as regiões de atuação, mas, por algum motivo, a empresa não está presente nelas ou, quando está, é de forma inexpressiva. São regiões não atendidas por algum ou nenhum produto do portfólio.

Quando a empresa vai para o mercado, é fundamental que ela compreenda bem suas oportunidades e ameaças. Ela deve saber em quais regiões é forte, em quais é fraca e em quais não atua e o porquê. Cada cenário requer uma atuação comercial distinta.

Ao avaliar o contexto externo à empresa, observamos as regiões e lembramos que elas podem ser desde um bairro, uma cidade ou até um estado de um país. Dependerá do grau de regionalização da atuação comercial. Nessa análise, 2 aspectos importantes são levados em consideração.

O primeiro deles é a **representatividade da venda** da região. Por exemplo: pode-se vender 1 milhão de reais em determinada área, mas se esse valor representar 5% do total das vendas da empresa, provavelmente, há outras regiões mais relevantes. Por outro lado, se esse número representar 90% das vendas próprias, aquela região possui outra importância para o resultado comercial. A representatividade revela o quanto aquela região é relevante.

Mapa de Calor

A empresas utilizam o conceito de mapa de calor como um recurso que auxilia na visualização do quão presentes estão nas regiões onde atuam.

Cada organização determina suas cores para a representação visual das áreas: mais verde ou mais vermelha onde há forte presença, por exemplo. Geralmente, quanto mais clara a cor, menor é a presença na região.

O segundo aspecto é o *market share* da organização naquela região. Com essa medida, é possível avaliar a posição da empresa frente aos concorrentes locais e, inclusive, o quanto ela representa naquele mercado como um todo. Ou seja, o quão relevante é a presença do negócio naquela área.

Ao cruzar as informações de representatividade de venda e *market share* da empresa, é possível visualizar 4 cenários. Existe uma estratégia comercial específica para cada cenário:

TABELA REPRESENTATIVIDADE / *SHARE*

REPRESENTATIVIDADE	*SHARE*	CENÁRIO	ESTRATÉGIA COMERCIAL
Alta	Alto	Dominância	Blindar a concorrência
Baixa	Alto	Dominância	Não prioritário
Alta	Baixo	Sob risco; Ameaça	Proteger clientes chave
Baixa	Baixo	Área Branca	Explorar o mercado

Uma prática comercial eficiente na exploração de áreas brancas é a inserção do *hunter* (*caçador*, em português) para a abertura de novos mercados. É o profissional que inicia o relacionamento e não vende necessariamente. Geralmente, é um especialista do segmento treinado para o momento inicial de contato com o *prospect*[22], no qual prioriza apresentar os aspectos de valor da empresa e do produto ou serviço. Não tem a intenção de vender.

A existência de um *hunter* é uma adaptação na estrutura de vendas para a empresa ser mais agressiva durante a prospecção de clientes. Apesar de não ser uma tática exclusiva em áreas brancas, é muito adotada nesses cenários, porque acelera o processo de entrada em um novo mercado.

22- Um possível cliente que demonstrou intenção de compra.

Mas, não esqueça: é mais produtivo atuar sobre os clientes que estão mais próximos da empresa (como os clientes perdidos ou os clientes recentes, de crescimento vegetativo) e explorar o potencial da carteira e sua força comercial. Após esse trabalho, pode-se pensar mais fortemente em desenvolver novos clientes.

Também é possível, por exemplo, adotar a sobreposição da equipe: uma equipe atende o cliente e a outra prospecta consumidores na mesma região. O vendedor deve fazer volume, visitar X clientes por dia. O *hunter* abre a porta. É outro objetivo e a abordagem requer muito mais tempo de dedicação. Esse profissional faz a qualificação da empresa fornecedora e do produto para a futura venda.

Os perfis de vendedores: *hunter, farmer e closer*

Vendedor *Hunter*

São os executivos "caçadores" de vendas cada vez mais em alta por conta da especificidade de sua atuação. Afinal de contas, eles aumentam o *market share* da empresa prospectando novos clientes.

Para executar essa estratégia, o vendedor *hunter* possui um perfil de empreendedor e é experiente na área. É um profissional com bom *networking* e profundo conhecimento do produto que oferta e do mercado em que atua.

Vendedor *Farmer*

Os executivos de vendas *farmers* cuidam dos clientes da carteira, visando aumentar a receita da empresa. São profissionais experientes em relacionamento e valorizados pelas grandes companhias, pois transformam clientes bons em extraordinários.

Vendedor *Closer*

Responsáveis pelo fechamento da venda, são especialistas em fazer o *lead* assinar o contrato, trabalho facilitado pelo *hunter*, que entrega *leads* mais maduros e abertos à solução. Cabe então ao *closer* despertar o desejo pela oferta, evidenciando suas vantagens e benefícios.

7.2 Novas tecnologias e tendências

Neste tópico, abordamos a tecnologia *big data* e o GTM como conceitos mais recentes no mercado e relevantes pelo diferencial que trazem em sua atuação.

BIG DATA

Por permitir o acesso a um grande volume e a inúmeros tipos de dados, o *big data* tem se mostrado indispensável para a formulação de estratégias, para que gestores possam direcionar recursos com segurança, captar mais clientes e aumentar a credibilidade em decorrência da satisfação de consumidores.

Assim, na área comercial, o *big data* contribui para que as empresas alavanquem as vendas e aumentem os lucros com informações profundas, as quais possibilitam aos profissionais reconhecer o comportamento dos consumidores, distinguir as suas necessidades e compreender como o mercado reage junto às ofertas.

Como a tecnologia big data funciona na prática?

As informações de mercado (dados) são coletadas a partir de buscas de fontes externas e armazenadas em sistemas de gestão. As organizações conectam esses dados e realizam análises capazes de assegurar aos gestores o direcionamento assertivo para as equipes de vendedores atuarem, de forma precisa, com os *leads* em potencial de conversão.

Assim, a tecnologia influencia diretamente nas vendas, porque disponibiliza informações (em tempo real) sobre o hábito de compra de clientes, produtos mais desejados e até mesmo sobre o perfil específico de cada consumidor. Ela permite a otimização do desempenho dos vendedores e auxilia na atuação mais eficiente com compradores, permitindo a diferenciação do "pedido automático".

Os *insights* ajudam os gestores a ter uma visão mais ampla sobre as oportunidades de negócio, ajudam a corrigir falhas e a direcionar melhor as ações da empresa. Em outras palavras, podemos dizer que **análises confiáveis permitem a formulação de estratégias seguras para vender mais e melhor. É importante ter em mente que o sucesso do *big data* está na qualidade das perguntas que vêm antes do levantamento de dados.**

GTM

Go To Market (GTM[23]), ou Como Chegar ao Mercado, consiste no plano de implementação da estratégia e do posicionamento estabelecidos para a empresa garantir vantagem competitiva. É o planejamento da marca para definir quais produtos e canais devem ser trabalhados de acordo com a carteira de clientes.

É comumente utilizado por empresas de bens de consumo e varejo. Mas a ferramenta pode ser implementada em qualquer segmento, uma vez que permite definir estratégias de comunicação e de comercialização de produtos e serviços para o público-alvo.

As grandes etapas do GTM respondem às seguintes perguntas chaves:

- QUEM é exatamente o público-alvo a ser atingido?
- QUAL será o *mix* de produtos oferecido a esse público?
- QUANTO será cobrado pelos produtos para os diferentes clientes/canais?
- COMO os produtos serão promovidos?
- ONDE os produtos serão vendidos?

23- *Go to Market*. Trata-se de um plano de ação comercial de curto ou médio prazo.

O planejamento GTM deve contemplar definição do mercado-alvo e posicionamento, identificação de oportunidades de mercado e determinação de produtos, canais, preços e promoções. É importante que entregue uma clara definição de posicionamento de marca ou produto, do público-alvo a ser atingido e das estratégias de distribuição e de comunicação. Dessa forma, o livro "o poder da excelência comercial" é um passo tático de como implantar um plano estratégico de mercado pré estabelecido (GTM). Naqueles casos em que isso não está muito claro, a implantação dessas práticas criará os subsídios fundamentais necessários para a elaboração de um bom plano de marketing estratégico em sequência.

CHECKLIST

Capítulo 7

- Qual é o marketing estratégico do meu negócio? Tenho foco em qual segmento de clientes? Qual é o posicionamento da minha marca?
- Atualmente, exploramos os mercados de sempre ou buscamos novos? Exploramos algum oceano azul?
- Possuo estratégias de preço, produto e posicionamento distintas por região de atuação?
- Utilizo *big data* no meu negócio? Como poderia inseri-lo na inteligência de mercado do meu negócio?
- Minha empresa se apresenta ao mercado de forma planejada?
- Quem é o público-alvo exato a ser atingido?
- Qual será o *mix* de produtos oferecido para esse público?
- Quanto será cobrado pelos produtos para os diferentes clientes/canais?
- Como os produtos são promovidos?
- Onde os produtos são vendidos?

CONCLUSÃO

Vender é uma arte! Com excelência, é um desafio. É preciso ter as pessoas certas, fazendo os processos certos, com as ferramentas certas. E, para que isso aconteça, é imprescindível muita disciplina, planejamento e vontade de transformar sua área comercial. Essa vontade parte da seleção das pessoas adequadas. Como vimos, é fundamental ter o OPA: otimismo, paixão e ambição de vender. Sem isso, de nada adianta trabalhar os outros pilares da gestão, pois somente as pessoas são capazes de agregar ou destruir valor.

Com as pessoas certas, é possível trabalhar o tripé da excelência comercial. A carteira de clientes é o patrimônio da empresa, seu bem mais precioso. Todo dia devemos tentar manter fiéis nossos clientes atuais e pensar em como conseguimos ampliar o número de compradores. Todo dia é uma oportunidade de venda perdida. A venda não ocorrida ontem, nunca será 100% recuperada. Cabe a área comercial entender, monitorar e gerir essa carteira de clientes.

Por outro lado, a organização agrega valor no mercado por meio da sua tecnologia de produtos, ou seja, aquele item valioso pelo qual seus clientes estão dispostos a gastar recursos adquirindo. Cabe a área comercial estruturar da melhor maneira esse portfólio de produtos/ serviços, precificando de maneira inteligente no mercado e levando da maneira mais eficiente ao seu consumidor final. Por fim, a força comercial é o elo fundamental entre quem compra e o que é comprado. É ela quem consegue agregar ou destruir valor, levando o produto certo ao cliente certo, num valor certo, em que todos saem ganhando.

Num ambiente de tantas incertezas e instabilidade, criar uma cultura comercial forte, com rotina bem estruturada, metas e remuneração variável condizentes com as ambições da empresa são passos fundamentais rumo à excelência em vendas. Dessa maneira, ao trabalhar os três pilares da excelência comercial, o gestor deve reunir as técnicas mais adequadas a sua organização, criando uma cultura única de busca dos resultados.

Paralela a essa busca interna pela excelência, o gestor comercial precisa ficar atento a duas importantes relações: comercial vs restante da organização e comercial vs mercado. A primeira está intimamente ligada com a eficiência dos processos e a capacidade da empresa de gerar caixa. Quanto melhor for o S&OP, mais assertiva será a relação financeira entre produção, estoques e vendas. No final, todos ganham! A segunda diz respeito a como a organização se posiciona no mercado em relação aos seus concorrentes. É preciso estar extremamente atento. Toda ação tem uma reação. E a nossa equipe de venda são nossos maiores espiões. Todo dia eles levam informações das nossas estratégias aos concorrentes, precisamos estar sempre um passo a frente.

Por fim, tudo isso ainda vai ao encontro de inúmeras inovações tecnológicas que tem revolucionado o mercado comercial como conhecemos. Plataformas de *big data*, aplicativos, novos canais de interação, práticas de *omnichannel* são alguns exemplos do que temos vivenciado. É preciso utilizar essas ferramentas como meio de atuação da nossa área comercial. Elas são ferramentas que, se não amparadas por todos os pontos abordados ao longo do livro, acabarão se tornando desperdício. Portanto, o poder da excelência comercial está em como você consolida todas essas práticas de gestão, que integradas pelos três pilares da excelência comercial, criam uma cultura comercial sustentada por ferramentas táticas estruturadas para que a organização chegue em seu público alvo, da maneira certa, com o preço certo, o produto certo, no local certo!

REFERÊNCIAS

- BARROS, E. C. Análise financeira. Enfoque empresarial: uma abordagem prática para executivos não financeiros. Libretteria, 2016
- BAZERMAN, M. H.; MOORE, D. Processo decisório. Campus, 2014
- CARNEGIE, D. Como fazer amigos e influenciar pessoas: o guia clássico e definitivo para relacionar-se com as pessoas. Companhia Editora Nacional, 2012
- CIALDINI, R. As armas da persuasão. Sextante, 2012
- FERRAZ, E. Negocie qualquer coisa com qualquer pessoa. Gente, 2015
- GODOY, R.; BESSAS, C. Formação de Gestores. Libretteria, 2018.
- JULIO, C. A. A magia dos grandes negociadores. Negócio, 2003
- KAHNEMAN, D. Rápido e Devagar: duas formas de pensar. Objetiva, 2012
- KOTLER, P.; KELLER, K. L. Administração de Marketing. Pearson, 2019
- PINK, D H. Vender é humano: surpreendente verdade sobre a arte da persuasão. Sextante, 2019
- PINKER, S.S. Todo mundo mente: o que a internet e o dados dizem sobre quem realmente somos. Alta books, 2018
- RACKHAM, N. Alcançando excelência em vendas para grandes clientes. M. Books, 2009
- RACKHAM, N. Alcançando excelência em vendas Spin Selling. Construindo relacionamentos de alto valor. M. Books, 2008
- SHAFER, J.; KARLINS, M. Manual de persuasão do FBI. Universo dos livros, 2015

- STANLEY, C. Inteligência Emocional para sucesso nas vendas. M. Books, 2018
- URY, W. Como chegar ao sim com você mesmo. Sextante, 2015
- URY, W. O poder do não positivo: como dizer não e ainda chegar ao sim. Elsevier, 2007
- URY, W. Negocie para vencer: instrumentos práticos e criativos para chegar ao sim. HSM, 2013

ANEXO

O Método PDCA

Há mais de 100 anos, a gestão de negócios aplica uma metodologia universal norteadora de técnicas e ferramentas empresariais: o PDCA[24]. O método é utilizado para alcançar resultados ou resolver problemas (diferença de onde estamos para onde queremos chegar).

A Excelência Comercial é aplicada no método PDCA com práticas e técnicas direcionadas para a área de vendas. As técnicas trazidas ao longo do livro sempre contemplaram, no mínimo, uma das etapas do PDCA, pois são padrões de aprendizado que já deram certo e funcionam muito bem no mercado.

É como se falássemos para você, gestor: *implemente esse método que vai funcionar ou pratique esse ponto ao gerenciar o resultado com a sua equipe e, assim, o desempenho vai deslanchar!*

Quando problemas são vistos como oportunidades por um bom gestor, ele pode contar com a aplicação do PDCA no cami-

---

24- *Plan, Check, Do, Act.* Em português, as fases do PDCA correspondem às etapas de Planejamento, Execução, Controle e Atuação Corretiva.

nho para a Excelência. As técnicas abordadas no livro se baseiam no método e auxiliam o líder comercial na tomada de decisões.

Na prática, como o PDCA é utilizado?

Figura Anexo: Método PDCA

O planejamento é a primeira fase do ciclo PDCA e se inicia com a localização de oportunidades. Na prática comercial, elas estão no preço, no volume ou no *mix*. Podemos identificá-las analisando os resultados de venda, compreendendo o histórico dos clientes e realizando comparações de mercado.

Depois de descobertas, as oportunidades devem ser estratificadas e priorizadas. Por exemplo, se você deseja melhorar o volume de vendas, deve-se perguntar: *de qual regional? De qual gestor? De qual vendedor? De qual cliente? De qual produto?* A priorização direciona os esforços da equipe para o ponto do processo comercial que gera mais resultados.

Ainda nessa etapa, o momento que segue é o de avaliar se o atual processo é capaz de entregar o resultado esperado. Surgem perguntas como: *meu vendedor está treinado? Meu produto está especificado corretamente? Meu processo garante o atendimento do cliente? Os preços estão adequados? A tabela de vendas está condizente com a percepção de mercado?*

A partir desse ponto, 2 passos podem ser tomados:

> **1)** Caso o processo seja capaz (GODOY; BESSAS, 2018)[25], devem-se definir ações Ver e Agir (Passo 4 do PDCA). Junto com a equipe comercial, o gestor consegue tomar decisões de rápida implementação e alto impacto na venda ou no resultado. Exemplificando: quando um preço está defasado diante do concorrente, consegue-se em pouco tempo ajustar a política de descontos, fazendo a margem bruta[26] ir direto para o EBITDA[27], sem precisar alterar a força comercial ou o cliente ou trabalhar o processo. Outro caso é quando se atualiza a política de premiação da empresa, as metas e os valores, influenciando o engajamento da equipe comercial.
>
> **2)** Caso o processo não seja capaz (Passo 5 do PDCA), haverá necessidade de mudanças estruturais. Diz respeito à maioria das técnicas de gestão abordadas ao longo do livro, as quais envolvem alterações no processo para alcançar a oportunidade identificada. Por exemplo: mudar a rotina comercial, trabalhar a força comercial, a prospecção e o *crosss elling*[28]. Todas essas modificações são organizadas por meio de planos de ação ou projetos de melhoria e cronogramas.

A implantação dos planos de ação integra a segunda fase do PDCA, que é a **Execução**. Nesse momento, pessoas são treinadas de acordo com o que se pretende mudar e se executa o que foi planejado com os gestores.

Feito isso, chega-se à terceira etapa do método, o **Con-**

25- GODOY; Raimundo e BESSAS, Cláudia. Formação de Gestores: criando as bases de gestão.Belo Horizonte: Libretteria, 2018.

26- Sempre que nos referirmos a margem neste livro, trata-se de margem bruta.

27- EBITDA – *Earnings before interest, taxes, depreciation and amortization*. Em português: lucros antes de juros, impostos, depreciação e amortização. É um indicador muito utilizado para avaliar o resultado operacional de uma empresa.

28- Estratégia de vendas por meio da qual são ofertados ao cliente produtos complementares ao que ele está comprando.

trole. Há duas práticas fundamentais aqui: Rituais de Gestão e Gestão à Vista. Os Rituais dizem respeito ao controle periódico de resultados e ao acompanhamento dos planos de ação, os quais devem existir em cada nível organizacional. A Gestão à Vista contribui para a difusão na organização dos resultados que estão sendo acompanhado pelos Rituais.

A partir daí, entra-se na última etapa do método, a **Atuação Corretiva**. Os resultados que não estão sendo atingidos devem ser revisitados. É essencial que se verifique como o plano foi implementado e executado junto à equipe, fazendo o resultado surtir. Caso o objetivo tenha sido alcançado, as boas práticas devem ser padronizadas e lateralizadas para o restante da equipe.

Para que o método alcance o máximo em resultado, é imprescindível que todas as etapas sejam cumpridas. O gestor não pode deixar que demandas do dia a dia prejudiquem as prioridades da área.

PUBLICAÇÕES AQUILA

Conheça os livros técnicos na área de gestão produzidos pelas nossas referências técnicas

CIDADES EXCELENTES
GESTÃO QUE TRANSFORMA A REALIDADE DOS MUNÍCIPIOS BRASILEIROS

CONHEÇA E COMPRE

Conheça a metodologia que pode transformar a realidade do seu município. Esta obra reúne de maneira inédita o que há de mais moderno para a gestão pública municipal, após 20 anos de serviços em diversas cidades nacionais e internacionais. Aprenda os princípios do ciclo virtuoso de desenvolvimento humano por trás de qualquer cidade excelente e saiba como avaliar e aplicar empiricamente em seu município. Com leitura fácil, simples e que ira te surpreender na busca por melhores resultados.

EMPRESAS HORIZONTAIS
DESENVOLVA UMA CULTURA QUE ENGAJE PESSOAS, TRANSFORME PROCESSOS E IMPULSIONE OS SEUS RESULTADOS

Conheça o caminho para que você mobilize os recursos da sua empresa e transformações necessárias, de forma estruturada e ágil, para que seu negócio gere resultados excelentes.

CONHEÇA E COMPRE

ANÁLISE FINANCEIRA
ENFOQUE EMPRESARIAL

Com abordagem prática para executivos não financeiros, este livro tem como objetivo trazer a esse público pontos relevantes para a análise, ação e decisão com base nas finanças corporativas. Somente um controle efetivo dos resultadose uma forte gestão do caixa diminuirão as pressões financeiras a que uma empresa está sujeita

CONHEÇA E COMPRE

O PODER DA EXCELÊNCIA COMERCIAL
SOLUÇÃO PRÁTICA DE COMO POTENCIALIZAR SEUS RESULTADOS

Conheça o que tem de melhor na construção de uma cultura comercial de sucesso. Aprenda ferramentas táticas estruturadas para que a sua organização chegue a seu público alvo, maximizando o retorno dessas relações comerciais.

CONHEÇA E COMPRE

8 PASSOS DA EXCELÊNCIA
UM GUIA PRÁTICO DE COMO LEVAR A SUA ORGANIZAÇÃO PARA UM NOVO PATAMAR DE RESULTADOS

Conheça os conceitos de gestão dos 8 passos, por meio uma visão prática e baseada em uma trajetória para atingir a excelência, elevando sua organização para um novo patamar de resultados. São eles: ambição, governança, evidências, produtividade, qualidade técnica, disciplina, retorno e transparência.

CONHEÇA E COMPRE

FORMAÇÃO DE GESTORES
ENTENDA COMO DESENVOLVER UMA GESTÃO FOCADA EM RESULTADOS

Conheça os conceitos de gestão com uma narrativa simples, fácil compreensão e exemplos práticos para cada passo do método.

CONHEÇA E COMPRE

COMO GERENCIAR E ENFRENTAR DESAFIOS

Tendo como pano de fundo a bela história de José do Egito, este livro inspira-nos a estudar e entender o passado, o qual sempre será referência, construir o presente e projetar o nosso futuro. Por meio de uma linguagem simples e envolvente, o leitor é convidado a fazer uma reflexão sobre como enfrentar e superar desafios e a não desistir diante das dificuldades.

CONHEÇA E COMPRE

CURSOS ONLINE AQUILA:
EXCELÊNCIA QUE TE FAZ REFERÊNCIA

O CONHECIMENTO DO AQUILA APLICADO E TESTADO EM MAIS DE 1200 PROJETOS EM 20 PAÍSES, AGORA DISPONÍVEL EM CURSOS ONLINE.

100% ONLINE
ACESSO POR 12 MESES

PREVIEW DE TODOS OS CURSOS
COM 07 DIAS PARA TROCAR

LIVRO INCLUSO
E MASTERCLASSES MENSAIS

MENTORIA INDIVIDUAL
E TUTORIA CONTÍNUA

ACESSE O NOSSO SITE PARA GANHAR UM DESCONTO EXCLUSIVO UTILIZANDO O CÓDIGO PROMOCIONAL : **LIVROSAQUILA**

AQUILA.COM.BR/AQUILAON